बसवेश्वर

समता की ध्वनि

बसवेश्वर

समता की ध्वनि

प्रो. काशीनाथ अंबलगे

लोकभारती प्रकाशन

लोकभारती प्रकाशन
पहली मंजिल, दरबारी बिल्डिंग, महात्मा गांधी मार्ग
इलाहाबाद-211 001
वेबसाइट : www.lokbhartiprakashan.com
ईमेल : info@lokbhartiprakashan.com
शाखाएँ : 1-बी, नेताजी सुभाष मार्ग, दरियागंज
नई दिल्ली-110 002
अशोक राजपथ, साइंस कॉलेज के सामने
पटना-800 006
36 ए, शेक्सपियर सरणी, कोलकाता-700 017

पहला संस्करण : 2020

मूल्य : ₹ 400

बी.के. ऑफसेट
नवीन शाहदरा, दिल्ली-110 032
द्वारा मुद्रित

BASAVESHWARA : SAMATA KI DHWANI
by Prof. Kashinath Ambalge

ISBN : 978-93-89742-05-3

पूज्य श्री शरणबसप्पा अप्पा
महादासोह पीठाधिपति एवं
माननीय कुलाधिपति,
शरणबसव विश्वविद्यालय, कलबुर्गी (कर्नाटक)
को

लेखक की एक-दो बातें...

भारतीय साहित्य की कन्नड़ साहित्य इतिहास धारा में बारहवीं सदी का वचन साहित्य सच्चे अर्थों में 'स्वर्ण युग' कहलाता है। सैकड़ों की संख्या में यहाँ भारतीय श्रमिक वर्ग ने एक साथ मिलकर आध्यात्मिक चिन्तन एवं स्वस्थ समाज की स्थापना के चिन्तन का समान रूप से अनुसंधान किया है। आज लगभग नौ सौ वर्षों के बाद भी पैंतीस महिलाओं का वचन साहित्य उपलब्ध होना बहुत बड़ा साहित्यिक और सांस्कृतिक आश्चर्य है। इनके लिए 'समता ही एक योग' था। बहुत्व इस साहित्य की विशेषता है क्योंकि विविध श्रमिक वर्गों की प्रतिभा ने यहाँ साहित्य का सृजन किया है। जानवर चरानेवाला (दनगाही) रामण्णा एवं सूळे संकव्वे (वेश्या संकव्वे) तक ने वचन लेखन में भागीदारी की है।

इस वचन साहित्यान्दोलन ने स्त्री विमोचन, दलित अस्मिता के विकास का एक अनूठा उदाहरण भारतीय साहित्य इतिहास में पेश किया है। बसवेश्वर इस वचन साहित्य हलचल के केन्द्र में थे। बसवण्णा, बसव, बसवराज, बसवेश्वर के नामों से जाने जानेवाले बसवेश्वर के अध्ययन हेतु यह ग्रन्थ प्रस्तुत करता है। अल्लम प्रभु, सिद्धरामेश्वर, चन्नबसवण्णा, अक्कमहादेवी आदि कई समकालीन वचनकारों से प्रशंसित और आदर-प्राप्त बसव चिन्तन आपके सामने है। 'बसवेश्वर : समता की ध्वनि' ग्रन्थ में पाठक वचन साहित्यान्दोलन, बसव विचार और बसवेश्वर के लगभग 430 वचनों को पढ़ने का साहित्यिक और सांस्कृतिक सुख प्राप्त कर सकेंगे। यह मेरे लिए आनन्द की बात है।

सन् 1918 में 'टाइम्स ऑफ इंडिया' के एक अग्रलेख ने बसवेश्वर के प्रति ऐसा लिखा था जिसे आपके सामने रखने की मेरी इच्छा हो रही है—'बसवेश्वर के आन्दोलन की यह विशेषता है कि उनसे पहले भी सामाजिक सुधार के लिए अनेकों ने प्रयत्न किए, किन्तु बसवेश्वर ने उस समय अति साहस कर स्त्री-मुक्ति और समाज सुधार के लिए प्रचंड कार्य किए। बाल-विवाह, विधवा की दासता, स्त्रियों की उन्नति आदि के बारे में बसवेश्वर ने विधायक और तेजस्वी प्रयत्न किए। आज भी प्रतिवर्ष इन विषयों पर परिसंवाद होते हैं, पर बसवेश्वर की तुलना में वे नगण्य हैं।

(टाइम्स ऑफ इंडिया अग्रलेख 1918)

यह ग्रन्थ स्वयं आपके साथ संवाद करेगा ही।

'प्रस्तावना' में वचन साहित्य की प्रवेशिका है, विभिन्न 'परिस्थितियों' में साहित्य की पृष्ठभूमि की राजनीतिक, धार्मिक, सामाजिक, साहित्यिक गतिविधियों का चित्रण है, 'सुन री सजनी...' में वैश्विक और विविध काल सन्दर्भों की स्त्री अस्तित्व का विवरण है जिससे स्त्री चिन्तन को वचन साहित्य की देन का परिचय हो सकता है। बसवेश्वर का संक्षिप्त जीवन परिचय एवं 'बसवेश्वर के वचन' पाठकों के लिए आमने-सामने होते हैं।

यों तो 'बसवेश्वर : काव्य शक्ति और सामाजिक शक्ति' 2006 में 'लोकभारती' से प्रकाशित हुआ था। प्रतियाँ अब नहीं हैं। इसमें बसवेश्वर के एक सौ वचन दिए गए थे। प्रस्तुत ग्रन्थ, जो आपके हाथों में है, में बसवेश्वर के 430 वचन दिए गए हैं।

हुआ यों कि बसव आदि वचनकारों के 2500 वचनों के विविध भाषाओं में अनुवाद योजना में बसवेश्वर के 430 वचनों का अनुवाद मैंने ही किया है। लगभग हिन्दी अनुवाद के आधार पर ही 2500 वचनों का आज 23 भाषाओं (भारतीय और विदेशी) में अनुवाद हुआ है। हिन्दी अनुवाद का विश्लेषण, विवेचन और हिन्दीकरण हिन्दी के विद्वानों से कराया गया है। यह ऐतिहासिक काम कन्नड़ के स्तरीय विद्वान स्वर्गीय डॉ. एम.एम. कलबुर्गी जी के मार्गदर्शन में हुआ है। अनुवाद में भाषा की सूक्ष्मता को लेकर विचार और भावों की अभिव्यक्ति में अनूदित पाठ की सफलता को लेकर चर्चा-परिचर्चा होती थी और अन्तिम स्वीकृति मिलती थी। इसलिए यहाँ के वचनों के अनुवाद के सुअवसर के क्षणों को स्मरण करते हुए डॉ. एम.एम. कलबुर्गी जी को तहे दिल से धन्यवाद अर्पण करता हूँ।

'वचन' नाम से ये 2500 वचन ग्रन्थ प्रकाशन 'बसव समिति-बेंगलूर' से हुआ है। यह काम 'बसव समिति' के अध्यक्ष श्री अरविंद जत्ती जी की सहृदयता और बसवेश्वर के प्रति उनकी सद्भावनाओं ने सम्भव किया है। इसलिए 'बसव समिति-बेंगलूर' एवं आदरणीय श्री अरविंद जत्ती जी के प्रति आत्मीय धन्यवाद अभिव्यक्त करता हूँ।

आदरणीय श्री अशोक महेश्वरी जी हिन्दी के बहुत बड़े प्रकाशन हाउस के मालिक हैं और महान पुस्तक प्रेमी हैं। मेरे प्रति उनका स्नेह और उनकी शुभकामनाएँ मुझे सदैव प्रश्नातीत प्रोत्साह के कारण बनते गए हैं। यह ग्रन्थ आज मैं आपको दे रहा हूँ, तो श्री अशोक महेश्वरी जी को बहुत बड़ा सांस्कृतिक नमन कहना चाहता हूँ। पुस्तक और अक्षरों द्वारा कश्मीर से लेकर कन्याकुमारी तक फैले पाठकों के दिलों को जोड़ना क्या बेजोड़ सांस्कृतिक प्रक्रिया नहीं है? जरूर है। इसलिए सारे

कन्नड़ के साहित्यिक हृदयों की ओर से भी महेश्वरी जी और उनके 'लोकभारती प्रकाशन' को धन्यवाद देना चाहता हूँ।

इनसे प्रकाशित मेरी दो पुस्तकें 'बारहवीं सदी की कन्नड़ कवयित्री अक्कमहादेवी और स्त्री विमर्श' एवं 'बारहवीं सदी की कन्नड़ कवयित्रियाँ और स्त्री विमर्श' बेल्जियम तक पहुँची हैं और वहाँ एक युवा महिला पत्रकार ने जिज्ञासा दिखाई है। एक लेखक को और क्या चाहिए।

पुस्तक की सुन्दरता के कारण प्रकाशन के कार्मिक वर्ग को मेरा सादर नमस्कार।

—प्रो. काशीनाथ अंबलगे

अनुक्रम

वचन साहित्य : एक प्रस्तावना

प्रवेशिका

भारतीय भाषा साहित्य में कन्नड़ साहित्य एक विशेष स्थान रखता है और इसकी श्रीवृद्धि में कन्नड़ साहित्य की विशेष देन है।

कन्नड़ साहित्य इतिहास की धारा में बारहवीं सदी का वचन साहित्य-युग सच्चे अर्थों में 'स्वर्ण युग' कहलाता है। 'वचन साहित्य', 'शरण साहित्य' नामों से भी प्रसिद्ध बारहवीं सदी के काल विशेष में कन्नड़ के कवि-कवयित्रियों ने, जो शिवशरण और शिवशरणिया कहलाते थे, कविताओं की रचना सामाजिक, आर्थिक, सांस्कृतिक और धार्मिक आन्दोलन के लिए की थी। काव्य सृजन इनके लिए साधन मात्र था, न कि साध्य।

लगभग सैकड़ों शरण कवि-कवयित्रियों ने समकालीन सन्दर्भ में व्यष्टि और समष्टि हित को समान रूप से महत्त्व देते हुए, वचन साहित्य की रचना की थी। आज लगभग सैकड़ों शिवशरण और पैंतीस से भी अधिक शिवशरणियों का वचन साहित्य उपलब्ध हुआ है।

'वचन' गद्य-पद्य का सम्मिश्रित सरल-सरस काव्य प्रकार माना जा सकता है। इसीलिए इनके साहित्य को 'वचन साहित्य' के नाम से पहचाना गया है।

इनके जीवन और लेखन, कथनी और करनी में सुन्दर समन्वय देखा जा सकता है। इसीलिए इनके काव्य में जीवन को देखने की स्वस्थ दृष्टि है। इन्होंने जो भी अनुभव किया उसे वाणी में अभिव्यक्त किया, जो भी अभिव्यक्त किया वही जीवन दर्शन बन गया। उनका जीवन दर्शन ही काव्य दर्शन था और वही उनकी जीवन शैली भी थी।

इस काल के लगभग सभी शरण रचनाकार निम्न जाति वर्ग के थे। सभी वृत्तियों के लोगों ने इस काव्य कर्म में भाग लिया था, जैसे—मोची, ढोर, धोबी, हज्जाम, लकड़ी बेचनेवाले, रस्सी बनानेवाले, किसान, नट, गायक, चावल कूटनेवाले आदि। यहाँ तक कि वेश्या सूळे (वेश्या) संकव्वे जैसी महिला भी

हृदय परिवर्तन से शिवशरणी बनी थी और उसने भी वचन की रचना की थी। इतनी बड़ी संख्या में और विशाल आयामों से आए हुए लोगों ने एक स्थान में, एक समय में, एक ही सामाजिक हित के लिए, आत्मबुद्धि एवं समाजशुद्धि के लिए मिलकर साहित्य की रचना की है जो दुनिया के सांस्कृतिक और साहित्यिक लोक में दुर्लभ उदाहरण है।

भारत के पाँच हजार वर्षों या जितना भी बड़ा इतिहास हो—के सांस्कृतिक और साहित्यिक इतिहास में सबसे पहली बार उपेक्षित वर्ग को बोलने का मुक्त अधिकार मिला और उनकी वाणी सार्थक काव्यवाणी बन गई।

एक समय में एक शेक्सपियर या वड्‌र्सवर्थ का होना, एक कालिदास या रवीन्द्रनाथ टैगोर का होना मेरे लिए या किसी भी स्वस्थ साहित्य प्रेमी के लिए—आश्चर्य की बात नहीं होनी चाहिए। यहाँ तो हर कोई महाकवि था, और कवयित्री महाकवयित्री थी।

संस्कृत से हटकर लोक प्रचलित कन्नड़ भाषा में लिखना पहली बार इन लोगों ने आरम्भ किया और विकास की दृष्टि से कन्नड़ भाषा चरम सीमा को छू गई।

कविता के उद्‌देश्य की दृष्टि से ये कवि अत्यन्त ही स्पष्ट थे। उनकी दृष्टि में कविता लोगों तक पहुँचकर उनके जीवन को ऊपर उठाने के लिए थी।

जैसा कि माओत्से तुंग ने कहा है—जिसे समूह का शिष्य बनने नहीं आता वह कभी उस समूह का गुरु नहीं बन सकता है। इन शरण-शरणियों ने आम आदमी के जीवन से बहुत कुछ सीखा था। इसीलिए इनके काव्य में आम आदमी का हृदय बोलता है और मार्गदर्शन पाता है।

स्त्री-मुक्ति, जातिवाद का नाश, धर्म के क्षेत्र में लोकतंत्र की स्थापना, श्रम-संस्कृति की श्रेष्ठता एवं सब प्रकार की समानता, कथनी-करनी का सुन्दर समन्वय, मनुष्य-केन्द्रित जीवन-चिन्तन शरण कवियों के काव्य की प्रमुख आवाज थी। समानता ही इनके लिए योग था (समते एंबुदे योग नोड।)

इसलिए विश्वास भरी एवं ऊँची आवाज में यह कहा जा सकता है कि विश्व साहित्य की पंक्ति में कन्नड़ के वचन साहित्य को खुले दिल से रखा जा सकता है।

वचन साहित्य के प्रमुख कवि हैं—बसवण्णा, अल्लम प्रभु, सिद्धराम, चन्नबसवण्णा, अंबिगर चौडय्या, नुलिय चन्दय्य, हडपद अप्पण्ण, अय्दक्की मारय्या, किन्नरी बोम्मग्य, मडिवाल माचय्य, मोळिगे मारय्य, तुरगाही रामण्ण, उरिलिंग देव, उरिलिंग पेद्‌दी, डोहर कक्कय्य, एकांतद रामय्य, नगेय मारितंदे, बहुरूपी चौडय्य, मरूळ शंकरदेव, धट्टिवाळय्य, अजगण्ण, वचन भांडारी शान्तय्य, कोलशान्तय्य, सोड्डुळ बाचरस और अन्य फुटकल शिवशरण।

वचन साहित्य की प्रमुख शरणी कवयित्रियाँ हैं—नीलांबिके, नागलांबिके, मोळिगेय महादेवी, काळव्वे, आय्दक्की लक्कम्मा, हडपद लिंगम्म, अमुगि रायम्म, सत्यक्क, केतल देवी, वीरम्म, दुग्गळे, गुड्डव्वे, बतादेवी, सूळे (वेश्या) संकव्वे, गंगम्म, रेकम्म, मसणम्म, मुक्तायक्क आदि और कई फुटकल शिवशरणियाँ।

किसी एक भारतीय भाषा का साहित्य ही भारतीय साहित्य नहीं अपितु भारत की किसी भी भाषा का साहित्य 'भारतीय साहित्य' ही है। वचन साहित्य की जनवादी जीवन दृष्टि का अध्ययन भारतीय स्तर पर हो और चर्चा-परिचर्चा का कारण बने—यही प्रेरणा इस ग्रन्थ की रचना के पीछे काम कर रही है।

धर्म, अध्यात्म, शिक्षा और अक्षर लोक से स्त्री वर्ग सदैव वंचित रहा है। किसी समाज और देश की अर्द्ध मानवशक्ति है वह, पर सदैव उपेक्षित। बारहवीं सदी के कन्नड़ साहित्य इतिहास में स्त्री ने अपने व्यक्तित्व की मानवशक्ति को पूर्ण रूप से पहचाना है। वचन साहित्य के माध्यम से उसने अपने स्व को अभिव्यक्त किया है। व्यक्ति और समाज के अन्तरंग-बहिरंग व्यक्तित्व को अक्षरों में उसने सुन्दर ढंग से काव्यात्मक अभिव्यक्ति दी है। सैकड़ों की संख्या में महिलाओं ने वचन साहित्य की रचना की होगी। आज लगभग नौ सौ वर्षों के बाद भी पैंतीस से अधिक महिलाओं का वचन साहित्य उपलब्ध होना कोई कम सांस्कृतिक आश्चर्य की बात नहीं है।

बारहवीं सदी की शिवशरणियों में वीर विरागिनी अक्कमहादेवी का नाम शीर्ष स्थान पर है। अक्कमहादेवी का व्यक्तित्व, बुद्धि-शक्ति, नैतिक-शक्ति, सौन्दर्योपासना की शक्ति, धर्मानुसंधान की शक्ति, अध्यात्म और प्रेमात्म की शक्ति का सुन्दर समन्वय था। सभी शिवशरणियों में अक्कमहादेवी के वचनों की संख्या अधिक है। अनुभव मंटप में वह केन्द्र बिन्दु के रूप में सबकी चहेती शिवशरणी थीं। काव्याभिव्यक्ति की महान प्रतिभा, भक्ति और विनय का उत्तुंग शिखर, असीम आत्मबल और साहस उनके व्यक्तित्व की अन्य सहज विशेषताएँ थीं।

बहुत्व वचन साहित्य की विशेषता

बहुत्व वचन साहित्य की विशेषता है। बहुजन वर्ग के श्रमिक यहाँ साहित्य की सृजनशीलता में लगे रहे हैं। एक वचनकार लिखते हैं कि 'करोड़ों वचन लिखकर थक गया हूँ।' इतनी बड़ी संख्या में, हर क्षेत्र के श्रमिकों ने, जनभाषा

कन्नड़ में, अध्यात्म और समाजमुखी चिन्तन को समान रूप से अभिव्यक्ति देने की रोचकता, यह सब कैसे सम्भव हुआ होगा?

बड़ी सूक्ष्मता से और शान्तभाव से किसी भी प्रकार के पूर्वग्रह से मुक्त होकर यदि आप समग्र वचन साहित्य का अध्ययन करेंगे तो कई रोचक विचारों से आप अवश्य ही प्रभावित होंगे। यहाँ सब वचनकारों ने चर्चा-परिचर्चाओं में भाग लिया था, भीतरी चर्चा और विमर्श एवं एक दूसरों के वचनों की चर्चा और विमर्श यहाँ हुआ है। अल्लम प्रभु को सभी गुरु समझते थे और सबने उनके ज्ञान शिखर का लाभ उठाया है। अल्लम प्रभु बसवेश्वर को गुरु कहते हैं और अपने गुरु मात्र नहीं बल्कि बसवेश्वर को तो सबके गुरु समझते हैं अल्लम। अक्कमहादेवी के वचनों की श्रेष्ठता की प्रशंसा सिद्धरामेश्वर करते हैं तो सिद्धरामेश्वर के वचनों को अक्कमहादेवी श्रेष्ठ समझती हैं। चन्नबसवण्णा तो आयु में सबसे छोटे थे पर ज्ञान की दृष्टि से सबने उनके ज्ञान को स्वीकार किया था। तात्त्विक दृष्टि से सूक्ष्म चिन्तन उनके वचनों की विशेषता रही है। वे सबको मार्गदर्शन करते थे।

प्राय: अनुभव और अनुभाव के इस प्रकार मुक्त लेन-देन से एक सामूहिक चिन्तन की गरिमा बढ़ाने का विश्व में यह एक विरल मिसाल था। विश्व में प्राय: समकालीन लेखक-चिन्तक समूह सदैव एक-दूसरों की उपेक्षा करके एक-दूसरों को पीछे छोड़ने के उदाहरण ही जीवित हैं। पर यहाँ वचन साहित्य के सन्दर्भ में प्रत्येक वचनकार दूसरे वचनकारों की प्रतिभा के विकास में पूरक रहे हैं। प्राय: इसीलिए स्वस्थ समाज के लिए स्वस्थ साहित्य के उत्पन्न की जनवादी सांस्कृतिक घटना यहाँ सम्भव होना देखने को मिलती है। इतनी बड़ी संख्या में वचनकारों की अधिक संख्या में वचनों की रचना का कारण भी यही रहा है कि इन्होंने काव्य को एक सामूहिक और सामाजिक चेतना के रूप में स्वीकार किया था।

एक यह भी विचार वचन साहित्य को लेकर मुझे बार-बार लगा है और लिख भी रहा हूँ कि यहाँ पांडित्य, प्रतिभा और काव्य की सृजनशीलता का बहुत बड़ा विकेन्द्रीकरण हुआ था। जानवर चरानेवाला दनगाही रामण्णा (जानवर चरानेवाला रामण्णा) एवं सूळे संकव्वे (वेश्या संकव्वे) तक ने वचन काव्य की रचना की थी। इनको किसी भी समाज का अन्तिम नागरिक कह सकते हैं। सृजनशील अभिव्यक्ति में इनकी भागीदारी ने वचन साहित्य के स्तर को ऊँचा स्थान दिया है। यहाँ संस्कृत ही श्रेष्ठ नहीं है बल्कि जनभाषा कन्नड़ भी श्रेष्ठ है। पंडित वर्ग को ही लिखने का अधिकार नहीं है बल्कि कोई श्रमिक भी श्रेष्ठ साहित्य लिख सकता है। कोई विश्वविद्यालय अथवा स्थापित विद्याकेन्द्र या राजाश्रित विद्वान मंच ही श्रेष्ठ नहीं है बल्कि प्रतिदिन अनुभव मंटप में सब

बैठकर जो चिन्तन-मंथन करते हैं वही श्रेष्ठतम तत्त्व दर्शन है, साहित्य दर्शन है और जीवन दर्शन है।

वचन साहित्य सन्दर्भ की एक रोचक विशेषता की ओर भी पाठकों का ध्यानाकर्षित करने की मेरी इच्छा हो रही है। यहाँ शासक श्रमिक बनने के लिए बड़े उत्सुक हैं। कश्मीर के राजा और उसकी पत्नी अनुभव मंटप के सदस्य बनकर अध्यात्म और सत् चित् आनन्द की प्राप्ति के लिए कल्याण आकर मोळकेरी नामक गाँव में रहकर, लकड़ी जंगल से लाते थे और बेचकर कायक से जीवनयापन करते हुए शरण संकुल के चिन्तन में भागीदारी करते थे। बसवेश्वर बिज्जळ राजा के यहाँ भंडारी थे और शाम तक कर्तव्य कर राजपोशाक शाम को निकालकर रखते थे एवं सरल शरण वेशभूषा में अनुभव मंटप की ओर चल पड़ते थे।

उरिलिंग पेद्दी एक बहुत बड़े मठ के मठाधीश थे, कई मठ इनके अधीन में थे। पर इन सबको त्यागकर उरिलिंग पेद्दी कल्याण की ओर पत्नी के साथ चल पड़ते हैं और एक सरल कायक करते हुए अनुभव मंटप में प्रभाग लेते हैं। यह इस जनवादी जनहित दृष्टि देने की स्वस्थ नजरिया वचन साहित्य की रही है। इसीलिए इसका विस्तार बड़ा है, भाषाभिव्यक्ति की शक्ति गहरी है, सदैव जीवन के स्तर को ऊपर उठाने के लिए वचन साहित्य जागरूक एवं प्रतिबद्ध है।

वचन साहित्य विधा पर अभी भी दो-चार विचार विस्तार कर सकते हैं। बारहवीं सदी के वचन साहित्य सन्दर्भ का 'वचन' एक विशेष प्रकार की 'काव्य विधा' है। वचन 'पद्य प्रकार' तो है पर इसे सरलता, सरसता और संक्षिप्तता के साथ सरस गद्य लय में रचित 'गपद्य' रूप कहा जा सकता है। वचन के रचनाकार 'वचनकार' और 'वचनकार्ती' कहलाते हैं। यह भक्त और भगवान के बीच संवाद है पर सदैव यहाँ सामाजिक चेतना जागृत है। हर वचनकार सामान्यत: अपना नाम नहीं, बल्कि अपने आराध्य देव का नाम वचनांकित के रूप में रखता है। उदाहरण के लिए बसवेश्वर का वचनांकित है 'कूडलसंगमदेव', अल्लम प्रभु का 'गुहेश्वर', अक्कमहादेवी का 'चन्नमल्लिकार्जुन' इत्यादि।

'वचन साहित्य' की यह भी विशेषता है कि किसी एक युग में एक ही काल सन्दर्भ में इतनी बड़ी संख्या में वचनकारों ने वचन साहित्य की रचना की है। वह रचना चर्चा-परिचर्चा केन्द्रित है। 'अनुभव मंटप' में जो 'अनुभाव मंटप' भी था, सब शरणकुल जमा होते थे और अध्यात्ममुखी और समाजमुखी चर्चा करते थे और उसका सृजनशील उत्पन्न होता था 'वचन साहित्य'। इन वचनकारों में राजा और रंक, मंत्री और दंडनायक, जुलाहे, धोबी, नाइंद, व्यापारी, बढ़ई, किसान, मजदूर, चावल बीननेवाला, झाड़ू लगानेवाला, स्त्री-

दलित सब समाहित थे। बहुत्वमुखी कवि लेखक बहुत्वमुखी चिन्तन वचन में अभिव्यक्ति देते थे। कहा गया है कि लगभग 300 से अधिक वचनकार एवं 35 से अधिक वचनकार्तियाँ रही होंगी। इनका तात्त्विक विचार प्रधानत: भक्ति-कायक-दासोह-समानता केन्द्रित था। इसका विस्तार 'वचन' में एकेश्वरवाद जगत सत्य है, जगत शिवमय और कल्याण मार्ग का कार्यागार है, जातिवाद और अस्पृश्याचरण का खंडन, समानता की ऊँची आवाज में प्रतिपादन, दैहिक परिश्रमप्रधान सत्य शुद्ध उद्‌देश्यों का कायक, गृहस्थ जीवन साधना मार्ग में बाधक नहीं, स्त्री को समान और गौरवपूर्ण स्थान और उसके अस्तित्व का पूर्णरूपेण स्वीकार, कथनी-करनी में समानता, कर्मकांड और यज्ञ यागादि का निराकरण, अन्धविश्वास का खंडन, संग्रह प्रवृत्ति की दुराशा का दूरीकरण इन विषय विचारों के चौतरफा घूमते-फिरते रहता है वचन साहित्य। 'वचन' रचना द्वारा कन्नड़ भाषा की अभिव्यक्ति शक्ति का विकास चरम बुलंदी का स्पर्श करता है। इनके वचन साहित्य में 'व्यष्टि-समष्टि' का सुन्दर समन्वय सदैव उपस्थित है। समाजोद्धार के लिए वचन साहित्य है, वचन साहित्य सोद्‌देश्य है, जनहित में है।

विश्व के साहित्य पाठक : कन्नड़ वचन साहित्य की ओर...

कन्नड़ के वचन साहित्य की साहित्यिक और सामाजिक शक्ति सर्वोपरि है। विश्व के साहित्य पाठकों को विशेष रूप से अपनी ओर आकर्षित करने के कई स्वभाव गुण इसमें निहित है। इस साहित्य के बहुत्व गुण अन्य भाषा साहित्य में देखने को नहीं मिलेगा।

लगभग तीन सौ से अधिक श्रमिक वर्ग के कवि कवयित्रियों ने यहाँ वचन नामक काव्य की रचना की है, साहित्यिक चिन्तन किया है, साहित्य और सामाजिक आयामों के समन्वय का स्वस्थ विवेचन इन्होंने प्रस्तुत किया है। कई रीतियों की असमानताओं के समाज को 'समता ही एक योग है' जैसे सार्वकालिक महत्त्व की घोषणा और लेखन इनका रहा है।

महिलाएँ इस दुनिया में सदैव ही उपेक्षित रही हैं, उनको सामाजिक भागीदारी से दूर रखकर साहित्य एवं सांस्कृतिक लोक में हासिये पर रही हैं वह। पर इस वचन साहित्य के सन्दर्भ में महिला अपने व्यक्तित्व विकास की बुलंदी पर पहुँच चुकी थी ऐसा लगता है। आज लगभग नौ सौ वर्षों के बाद पैंतीस से अधिक वचनकार्तियों का वचन साहित्य उपलब्ध होना परमाश्चर्य तो है ही, और यह सुनकर दु:ख भी होता है कि वैश्विक साहित्य सिनारियो में इसका

उल्लेख उपलब्ध नहीं है। अनुभव और अनुभाव, साहित्य में सृजनशीलता और चिन्तन मंथन, पुरुष वर्ग के वचनकारों के साथ स्त्री का समान रूप से लिखना उठना बैठना, पुरुष वर्ग को कई सन्दर्भों में नीतिपाठ करके मार्गदर्शन करना विशेष विचार है। इन वचनकारों ने अध्यात्म, समाजमुखी चिन्तन के लिए, काव्य और भाषा की सूक्ष्मताओं की चर्चा-परिचर्चाओं के लिए एक 'अनुभव मंटप' (Intellectual Parliament) की स्थापना की थी। उसकालीन सब शरण संकुल में महाप्रतिभावान घुमक्कड़ फक्कड़ जंगम (चलनशील) जीवी अल्लम प्रभु को अनुभव मंटप की अध्यक्षता का स्थान दिया गया था। अनुभव मंटप के सदस्यों के लिए यह अनिवार्य था कि हर किसी को कोई न कोई कायक करना चाहिए। आजीविका के लिए दिन भर सत्य शुद्ध कायक (परिश्रम) करो और शाम को अनुभव मंटप के चिन्तन में सक्रिय भागीदारी करो। हर एक सदस्य को अपने व्यक्तित्व में 'समानता के तत्त्व' को समझना अनिवार्य है। तो विश्व के साहित्य पाठक इसे पढ़ना क्या पसन्द नहीं करेंगे? मैं समझता हूँ कि विश्व के हर पाठक को जो साहित्य में रुचि रखता है यहाँ रोचक अनुभव होगा। उनके इस साहित्य के आमने-सामने होने से व्यक्तित्व में अल्प मात्र तो हलचल होगी।

ऐसा एक वास्तविक वैश्विक अनुभव सुनाने के लिए भी ऐसी प्रस्तावना की बातें कर रहा हूँ। मेरा एक लेखक मित्र है प्रो. टी.वी. कट्टीमनी जो आज एक अन्तर्राष्ट्रीय आदिवासी केन्द्रीय विश्वविद्यालय के कुलपति भी हैं। अपनी एक सांस्कृतिक आदान-प्रदान की योजना में वे बेल्जियम गए थे और एक विश्वविद्यालय में कन्नड़ साहित्य पर बोलने के लिए उनसे विनती की गई थी। उनके भाषण के अन्त में सामने बैठी एक युवा महिला पत्रकार प्रश्न करती है कि What do you mean by 'इस्टलिंग'? 'कायक' 'दासोह' का क्या अर्थ है? विस्तार से समझाने की विनती करती है। किसी प्रकार इन्होंने समझाया और कार्यक्रम के बाद चायपान के सन्दर्भ में उस महिला से पूछते हैं कि 'आप इस इस्टलिंग, कायक, दासोह के सम्पर्क में कैसे आईं?' वह कहती है कि मैंने बनारस में ये किताबें देखी थीं— 'बारहवीं सदी की कन्नड़ कवयित्री अक्कमहादेवी और स्त्री विमर्श', 'बारहवीं सदी की कन्नड़ कवयित्रियाँ और स्त्री विमर्श'। देहली में 'राधाकृष्ण प्रकाशन' से मैंने ये किताब परचेज किया है।

आज भारत के बाहर सैकड़ों देशों में हिन्दी विभाग है और लोग इसमें रुचि लेकर हिन्दी पढ़ रहे हैं। भारत को जानने के लिए भी वहाँ उत्सुकता है। यह आज की वैश्विक, सांस्कृतिक एवं भाषाई स्थिति-गति है।

उस महिला के संवाद को लेकर डॉ. कट्टीमनी जी लिखते हैं कि 'हमारे बसवण्णा और अक्कमहादेवी ने यूरोपीय पाठकों के चित्त में हलचल कर दिया

है। अंबलगे एक 'अनिवार्य आदत' की तरह हिन्दी में वचन साहित्य पर लिख रहे हैं। मुझे बेहद खुशी होती है कि वचन साहित्य को वैश्विक मंच पर पहुँचाने का सार्थक काम हो रहा है। वचन साहित्य में वैश्विक मंच से पढ़े जाने की शक्ति भी है।'

मुझे वचन साहित्य पर हिन्दी में काम करते समय यह विचार एक ऑक्सीजन की तरह प्रेरित करता है। तेजस्वी ने कर्नाटक साहित्य अकादमी से प्रकाशित किताब में 'अंबलगे के हिन्दी लेखन' जैसा एक लेख भी लिखा है।

इन बातों का जिक्र मैं यहाँ इसलिए भी कर रहा हूँ कि हमें यह भलीभाँति पता चले कि विश्व साहित्य के मंच पर वचन साहित्य उपलब्ध हो।

विभिन्न परिस्थितियाँ

राजनीतिक

लगभग ग्यारहवीं सदी से उत्तर भारत की राजनीतिक परिस्थितियों में तीव्र परिवर्तन दिखाई देते हैं। इसी प्रकार दक्षिण भारत में भी विशेष राजनीतिक उथल-पुथल दिखाई देती है।

कन्नड़ के बारावी और शिवशरणों के वचन साहित्यकालीन राजनीतिक परिस्थितियों का महत्त्व इनके साहित्यिक और धार्मिक-सामाजिक क्रान्ति के कारण से ही बढ़ जाता है।

सन् 1105 से 1350 तक के दो सौ वर्ष के कर्नाटक के इतिहास में प्रारम्भिक सौ वर्षों के प्रथम काल की महत्त्वपूर्ण घटना है—कल्याण के चालुक्य वंशीय राजाओं का पतन और कलचूरी राजा बिज्जळ की उन पर विजय।

इनका शासन काल अत्यन्त ही छोटा था। कलचूरी राजा बिज्जळ के शासनकाल में कोई शान्ति-समृद्धि या स्थिरता नहीं थी। इनके शासन का महत्त्व बसव और अन्य शरणों के साहित्यिक, धार्मिक और सामाजिक क्रान्ति का कारण था। मात्र शरणों के धार्मिक और साहित्यिक कार्यों से इतिहास में बिज्जळ का अध्ययन हुआ करता था।

बसवेश्वर, बिज्जळ के मंत्री थे और साथ ही वचन साहित्य की रचना धार्मिक एवं सामाजिक परिवर्तन के लिए करते थे।

धार्मिक

कर्नाटक में बसवेश्वर और अन्य शिवशरणों की पूर्वकालीन धार्मिक परिस्थिति अत्यन्त ही हीनावस्था में थी। धर्म में कई प्रकार की ऊँच-नीच की भावना थी। धर्म मानवीय भावनाओं को त्यागकर संकीर्ण बन गया था। कई प्रकार के धर्म-उपधर्म की गलियों में मनुष्य भटका हुआ था। धर्म के नाम पर सामान्य लोगों का शोषण हुआ करता था और कई प्रकार के अत्याचार, अन्याय और बलि आदि धर्म की आड़ में चलते थे। जाति-उपजातियों में संघर्ष सामान्य बात हो गई थी। समाज ब्राह्मण, क्षत्रिय, वैश्य और शूद्र जैसे वर्गों में विभाजित था। उच्च जाति के ब्राह्मण

अपने आपको धर्म का ठेकेदार समझते थे और दूसरों का शोषण करते थे। तद् युगीन सब प्रकार की सुविधाएँ ब्राह्मणों के यहाँ केन्द्रित थीं। इसीलिए अनिष्ट जाति पद्धति के मूल वर्ण को बसवण्णा ने चुनौती दी और कहा कि उद्योगों के अनुसार आदमी को पहचाना जाना चाहिए :

'वर्णानां किं प्रयोजनं?' इसीलिए / लोहा गरमाया लोहार कहलाया / कपड़ा धोया धोबी कहलाया / सूत ताना जुलाहा कहलाया / वेदपाठ किया विप्र कहलाया, जग में कान से कोई पैदा हुआ है?

शूद्रों का जीवन तो पशु-पक्षियों से भी गिरा हुआ था। अस्पृश्य गाँव से हटकर दूर झोंपड़ियों में रहते थे। इनको घंटी बजाते हुए गाँव में प्रवेश करना पड़ता था ताकि उच्च वर्ग के लोग इनकी छाया से भी बच सकें। उच्च जाति के लोगों की वाणी ही दूसरों के लिए धर्म था, और कोई प्रश्न भी नहीं कर सकता था। लोगों के धर्माचरणों में धर्म की बातें कम और श्रद्धा अधिक थी। धर्म के नाम पर वामाचार अत्यन्त ही असह्य था। अन्धश्रद्धाओं में जकड़े लोगों की मानसिकता की ओर डॉ. पि. बि. देसाई ने इशारा किया है कि :

'Religion, religious dogmas, religious observances and superstitions held men and their minds under their firm grip. Vedic Sacrifices were performed and animals were Immolated'.

लोग यह मानते थे कि गाँवों की चारों दिशाओं में अनिष्ट शक्तियाँ वास करती हैं और इनकी असन्तुष्टि के कारण बीमारियाँ फैलती हैं। इसलिए इन्हें प्रसन्न करने के लिए लोग, दर्गम्मा, कबम्मा, चौड़म्मा आदि ग्राम देवताओं की उपासना करते थे। इनको प्रसन्न करने के लिए पशुबलि चढ़ाना, अग्नि पर चलना और इनके लिए जात्रा महोत्सव करना आदि अन्ध श्रद्धाओं से मनुष्य घिरा हुआ था। इन शक्ति-देवियों के उत्सवों में पशुबलि, स्त्रियों की नग्नसेवा और कहीं-कहीं तो नर बलि भी दी जाती थी।

मूर्तिपूजा की प्रधानता थी इसलिए असंख्य मन्दिर और मठों के निर्माण हुए धार्मिक जीवन में पुजारियों की प्रधानता थी। मन्दिरों में धर्म की साधना नहीं बल्कि ऐश की आराधना होती थी। ये शोषण और धनार्जन के केन्द्र बन गए थे। अपना-अपना स्वार्थ साधने के लिए उच्च जाति के लोगों ने मन्दिरों का पूरा-पूरा दुरुपयोग किया। देवदासी पद्धति प्रचलित थी। देवदासियों ने देवताओं को नृत्य चढ़ावे के स्थान पर पुजारी और उच्च जाति के लोगों को अपना शरीर दिया। इसीलिए बसवेश्वर ने मन्दिर निर्माण का विरोध किया होगा :

धनवान शिव मन्दिर बनवाते हैं,
मैं गरीब, मैं क्या कर सकता हूँ।
मेरे पैर ही मीनार, शरीर ही मन्दिर,

शिर ही सोने का मुकुट है,
कूडल संयमदेव! जड़ नाशमय है चेतन अविनाश है।

लेकिन कुछेक मठ-मन्दिरों ने सांस्कृतिक केन्द्र बनकर शिक्षा-प्रसार का काम किया लेकिन अधिकांश मठ-मन्दिर और तीर्थ अन्धभक्ति, अज्ञान और शोषण के केन्द्र थे। वेदशास्त्र का अध्ययन भी स्वार्थ साधने के लिए हुआ करता था। उनके यथार्थ ज्ञान से सामान्य लोगों को दूर रखा गया था। पशुबलि और जड़ कर्मकांड के वेदशास्त्रों का खंडन इन शिवशरणों ने इसीलिए किया है।

सैकड़ों देवों की आराधना में फँसे हुए मनुष्य की बुद्धि पर अज्ञान की चादर फैली हुई थी। लोगों को अन्धविश्वास और अज्ञान के दलदल से मुक्त करने का शिवशरणों का प्रयास एक महान कार्य था।

उच्च जाति और वर्ग के लोगों ने समाज का शोषण करने के लिए धर्म को माध्यम बनाया था। वेदाध्ययन का अधिकार स्त्री और शूद्रों को नहीं था। नारी की स्थिति अत्यन्त ही दयनीय थी। वह किसी प्रकार के संस्कार के योग्य नहीं मानी जाती थी। वह भोग की वस्तुमात्र थी। होम-हवनादि अर्थहीन आचरणों की भरमार थी।

भाग्यवादी लोगों की मानसिकता यह सोचकर शान्त थी कि जो मिलता है उसे स्वीकार करना चाहिए, यह सब पूर्व जन्म का फल है। लोग शगुन-भविष्य आदि पर अधिक आश्रित थे।

जब एक समूचे समुदाय के जीवन में इस प्रकार का अज्ञान फैला हुआ हो तो उस पर विचार करना, क्रान्ति की ओर ले जाना अत्यन्त आवश्यक होता है। शिवशरणों ने समाज को इसी ज्ञान प्रकाश की ओर ले चलने का काम किया था।

सामाजिक

शिवशरणों का पूर्वकालीन समाज अत्यन्त ही हीनावस्था में था। अशान्ति, अतृप्ति, संघर्ष और सामाजिक मूल्यों का नाश, धर्म का अध:पतन तत्कालीन समाज का पतित रूप था। कई प्रकार की असमानताओं से समाज विषैला बन चुका था। उच्च-नीच जातियाँ, उद्योग में श्रेष्ठ-कनिष्ठ, आर्थिक दृष्टि से अमीर-गरीब, स्त्री-पुरुष भेद, और इसी प्रकार की अन्य असमानताओं से समाज रोगग्रस्त बन गया था। कथनी-करनी, अन्तरंग-बहिरंग में विभेद, स्वउद्योग में निष्ठा का अभाव और बाह्याडम्बर में जीवन व्यतीत करता हुआ, अनीतियों और धर्मान्धता के पंजे में सामान्य मनुष्य जकड़ा हुआ था। इस प्रकार समाज असन्तुष्ट था।

खेती उस युग का प्रमुख उद्योग था। लुहार, कुम्हार, जुलाहा, मोची और धोबी आदि अपने-अपने उद्योग करते थे। ये उद्योग वंश परम्परा से चल रहे थे। वैश्य व्यापार करते थे। दूसरे लोग आवश्यक वस्तु इनसे खरीदते थे।

जाति-पद्धति प्रचलित थी। ब्राह्मण, क्षत्रिय, वैश्य, शूद्र जैसे वर्ण में समाज बँट गया था। यों तो वर्ण पद्धति के कठोर नियम ढीले पड़ गए थे। और कई प्रकार की जाति-उपजातियों का निर्माण हो चुका था। ब्राह्मण इनमें उच्च क्षेत्रीय शासन के अधिकारों का अनुभव करते थे और समाज में वैश्यों और शूद्रों की उपेक्षा थी। क्षत्रियों को ब्राह्मणों से शिक्षा मिलती थी। शिक्षा, धर्म, उपनिषद और वेदाध्ययन ब्राह्मणों की सम्पत्ति बन गई थी।

चातुर्य वर्ण के अलावा एक वर्ग अस्पृश्यों का था जिनका जीवन कुत्तों से भी गिरा हुआ बन गया था। अछूतों की छाया से भी उच्च वर्ग के लोग बचते थे। उनके साथ खान-पान के सम्बन्धों की कल्पना भी नहीं की जा सकती थी। समाज के सभी वर्गों की सेवा करने पर भी गाँव से दूर झोंपड़ियों में सांसारिक सुख-सुविधाओं से वंचित होकर उन्हें रहना पड़ता था। अस्पृश्यों की स्थिति अत्यन्त ही दयनीय थी। इस अन्त्यज का तो नाम तक नहीं होता था। इस प्रकार शूद्र और अस्पृश्यों का जीवन अत्यन्त ही दयनीय और हीन था। शारीरिक दृष्टि से वे मनुष्य लगते थे पर मनुष्य की सुविधाएँ उन्हें प्राप्त नहीं थीं। इसीलिए बसवेश्वर ने स्पष्ट रूप से जाति-पद्धति का विरोध किया और कुल को निष्प्रयोजक बताया है।

ब्राह्मणों के बाद समाज में दूसरा स्थान क्षत्रियों का था। यज्ञ आदि करने, शिक्षा प्राप्त करने का अधिकार इन्हें था। मृत्युदंड से ये मुक्त थे। तीसरा स्थान वैश्यों का था। ये व्यापार करते थे। समाज में चौथा स्थान शूद्रों का था जिनका सारा जीवन उच्च जाति के लोगों की सेवा में बीत जाता था। समाज में इन्हें न कोई अधिकार था न कोई सुविधा। अन्तिम और अत्यन्त ही उपेक्षित वर्ग अस्पृश्यों का था।

इन जाति और वर्गों के अतिरिक्त कई प्रकार की जाति-उपजातियाँ बन चुकी थी। सोड्डल-बाचरस का एक वचन, यह स्पष्ट करता है कि किस प्रकार उस युग में पुरुष के भिन्न-भिन्न अंगों से भिन्न-भिन्न जातियों की कल्पना की गई थी :

मस्तक ब्राह्मण, नयन क्षत्रिय,
नाक बनिया, अधर खेतिहर
चोटि ब्राह्मण, नेत्र क्षत्रिय
नाक बनिया, अधर किसान,
कान ग्वाल, गर्दन कुम्हार
बाँहें पंचाल, हथेली गौड़ी
नख हज्जाम, पेट डोंब
पीठ धोबी, त्वचा जुलाहा।

अन्तरजातीय विवाह का उस समाज में विरोध था। धर्मशास्त्र में विवाह की अनुलोम पद्धति की अनुमति थी। नरेशों की बहुपत्नियाँ होती थीं। प्रत्येक जाति में

कई उपजातियाँ होती थीं और उन उपजातियों में ही विवाह होते थे। छोटी आयु में विवाह होते थे।

शिवशरण पूर्व युगीन समाज में नारी की अत्यन्त दयनीय स्थिति थी। वह भोग की वस्तु, पाप की पिटारी और साधना के मार्ग में बाधा डालनेवाली पापिन मानी जाती थी। उस युगीन सामाजिक व्यवस्था की विडम्बना है कि शूद्र और स्त्री किसी प्रकार के संस्कार के अयोग्य माने जाते थे, और माना जाता था कि वह किसी प्रकार के स्वातंत्र्य के योग्य नहीं। स्त्री को बाल्यावस्था में पिता पर, यौवनावस्था में पति पर, और वृद्धावस्था में पुत्र पर निर्भर रहना पड़ता था। नारी सम्बन्धी मनु का यह श्लोक प्रसिद्ध है :

पिता रक्षति कौमारे, भर्ता रक्षति यौवने
रक्षति स्थाविरे पुत्रा, न स्त्री स्वातंत्र्यमर्हति।

वैदिक और जैन धर्म स्त्री को मुक्ति प्राप्ति के योग्य नहीं मानते थे। जीवन की कोई सुविधा नारी को प्राप्त नहीं थी जो पुरुष को थी। शिक्षा से वंचित नारी को पुरुष की छाया के समान जीवन व्यतीत करना पड़ता था। सती प्रथा प्रचलित थी। अपमानजनक, उपेक्षित विधवा जीवन से ऊबकर सती होना ही वह श्रेष्ठ समझती थी। क्षत्रियों में यह पद्धति अधिक थी। स्त्री की इच्छा-अनिच्छा की उपेक्षा कर उसे मृत पति के साथ जला दिया जाता था। इस प्रकार उस समाज में हजारों बन्धनों में बँधी स्त्री सजीव शव थी। नारी को इस दलदल से मुक्त करने के लिए शिवशरणों ने स्त्री-पुरुषों की समानता की घोषणा कर दी और समग्र व्यक्तित्व विकास की सुविधाएँ उसे दी गई।

कुछेक मठ-मन्दिरों ने सामाजिक जीवन को सुखी करने का प्रयास किया था। ये सांस्कृतिक और विद्या के केन्द्र होते थे। लेकिन अधिक संख्या में मठ-मन्दिर अज्ञान, अविद्या, अन्धश्रद्धा, स्वार्थ और शोषण के केन्द्र बन चुके थे।

भेदभावना की वृत्ति ने समाज को टुकड़े-टुकड़े कर दिया था। ब्राह्मण का पुत्र ब्राह्मण और कुम्हार का पुत्र कुम्हार ही हो सकता था। ब्राह्मण मात्र वेदशास्त्राध्ययन से हटकर अन्य उद्योग कर सकता था लेकिन शूद्र या अस्पृश्य ऐसा नहीं कर सकता था।

समाज की इस व्यवस्था ने ब्राह्मणेतरों को प्रगति की ओर जाने से रोका था। मेहनतवाले सारी सुविधाओं से वंचित थे, ब्राह्मण, राजा, मठाधीश, मंत्री, पुजारी आदि दूसरे के मेहनत का फल भोग रहे थे। अन्धश्रद्धा, आलस्य, अज्ञान, स्वार्थ, जड़ परम्पराओं ने समाज को कमजोर बना दिया था। धार्मिकाचरण का प्रतीक देवदासी ने वेश्यावृत्ति का रूप ले लिया था।

इस प्रकार कई प्रकार के विचित्र और भयंकर अन्धविश्वासों के जाल में समाज जकड़ा हुआ था। स्त्री की उपेक्षा सब जाति और वर्गों में थी।

कन्नड़ के शिवशरण कालीन समाज की रचना और परिस्थितियाँ उपरोक्त कह दी गई हैं। समाज के जागरूक और सजग प्रहरी बसवेश्वर और अन्य शिवशरणों ने धार्मिक क्रान्ति द्वारा सामाजिक और साहित्यिक क्रान्ति कर दी। सब प्रकार से समान समाज की स्थापना उनका उद्देश्य था। इसी उद्देश्य की प्राप्ति के लिए इन्होंने काव्यशास्त्र का प्रयोग किया था। इस प्रकार के काव्य का अध्ययन उसकी सामाजिक चेतना की दृष्टि से करना अपने आप में महत्त्वपूर्ण स्थान रखता था।

साहित्यिक

बारहवीं सदी के शिवशरणों के पूर्वकालीन संस्कृत प्रधान साहित्य का बहुत बड़ा भाग बहुत बड़ी संख्या में लोगों के लिए बहुत बड़ा शून्य (Zero) था। राजाश्रय में रहकर परम्परावादी पंडितों ने चम्पूकाव्य की रचना की। राजा-महाराजाओं, पंडितों और वैद्यों का दासी कन्नड़-साहित्य संस्कृत के शिकंजों में सिसकियाँ ले रहा था।

लोग यह मान रहे थे कि काव्य प्रतिभा ईश्वर की देन है, पूर्वजन्म के पुण्य मात्र से ही कोई काव्य रचना की शक्ति प्राप्त कर सकता है। राजाश्रित वह साहित्य उन नरेशों की श्रृंगारिक मानसिकता को तृप्त करने में ही धन्य समझता था और आश्रयदाता नरेशों को चाँद, सूरज, वीराधिवीर, अरिकेसरी आदि बढ़ा-चढ़ाकर वर्णन करने में वह तृप्त था। इनके राजा इनकी रचनाओं में महाभारत के वीरनायक थे। ये रचनाएँ सामान्य लोगों तक जाने, आलोचकों से आलोचित और चर्चित होने, ज्ञानवृद्धि करने के लिए नहीं, बल्कि राजा की प्रशंसा प्राप्त करने और पूजागृहों में पूजित होने के लिए थीं। सामान्य लोग, शूद्र और अस्पृश्यों एवं स्त्री के लिए साहित्य अस्पृश्य और जड़ वस्तु थी।

ग्यारहवीं सदी का कन्नड़ साहित्य शास्त्र-साहित्य (रीति साहित्य) माना जाता है; दसवीं सदी के उत्तरार्ध में नागवर्मा प्रथम की 'धन्दोबुधि' ग्यारहवीं सदी के लिए चाउंडराय द्वितीय की 'लोकोपकार' चन्द्रराजा की 'मदनतिलक, श्रीधराचार्य की 'जातक तिलक' आदि शास्त्र-साहित्य की रचनाएँ हैं।

वचन साहित्य के पूर्व के साहित्य की विशेषताएँ इस प्रकार गिनी जा सकती हैं :

(1) परम्परावादी साहित्य
(2) पंडितों की पांडित्यपूर्ण काव्य की रचना
(3) रीतिबद्ध चम्पूकाव्य की रचना

(4) काव्य में विविधता नहीं, चर्वित-चर्वण विचार
(5) संस्कृत भाषा का पूरा प्रभाव
(6) केवल वस्तुनिष्ठ काव्य (कला के लिए कला)
(7) सीमित पाठक-वर्ग (केवल पंडितों) के लिए रचा गया साहित्य
(8) राजाश्रित साहित्यकार
(9) कल्पना और अवास्तविक वर्णनों की भरमार
(10) आश्रयदाता नरेशों का बढ़ा-चढ़ाकर वर्णन
(11) जनविरोधी साहित्य-मूल्य

तद् युगीन साहित्य राजा-महाराजा और दरबार के निकट और सामान्य लोगों से दूर था। उसी साहित्य को भव्य माना जाता था।

वचन साहित्य के पूर्व साहित्य की ऐसी ही स्थिति थी, वहीं बारहवीं सदी का साहित्य परिवर्तन की दिशा ढूँढ़ रहा था। समय परिवर्तन की प्रतीक्षा कर रहा था। बारहवीं सदी में बसवेश्वर और उनके अन्य समकालीन शरणों से पूर्व 'वचन' साहित्य समय की माँग थी। पंडितों से सामान्य लोगों की ओर, संस्कृत के प्रभाव से देशी भाषा की ओर साहित्य जा रहा था। वचन-साहित्य पुरानी कन्नड़ से मध्यकालीन कन्नड़ की ओर, चम्पूरीति से देशीय रीति की ओर, कठिनता से सरलता की ओर, भ्रमों से स्पष्टता की ओर अग्रसर होता हुआ दिखाई देता है। वचन साहित्य की लोकोन्मुखी विषयवस्तु, सरल कन्नड़, नई शैली गद्यात्मक पद्य के अपने गुणों के कारण लोगों को अपनी ओर तुरन्त आकर्षित करने लगा। सामाजिक चेतना वचन साहित्य की अपनी विशिष्ट शक्ति बन गई थी। बारहवीं सदी साहित्यिक दृष्टि से चम्पू साहित्य को कमजोर करने का काल था, राजनीतिक दृष्टि से शौर्य, साहस और वीरोत्साह का काल था, और सामाजिक दृष्टि से नए विचार और नए मूल्य की स्थापना से सामान्य लोगों को अपने में समेटकर सारी सामाजिक व्यवस्था को बदल डालने का काल था। ऐसी पृष्ठभूमि में शरणों के वचन साहित्य का उदय एक सहज घटना लगती है।

यदि चम्पू (एक छंद) साहित्य लोगों की सहानुभूति से वंचित था तो वचन साहित्य सामान्य लोगों पर या सामान्य लोगों के लिए निर्मित था।

वचन साहित्य के प्रारम्भ का स्पष्ट चित्र तो हमें नहीं मिलता। लेकिन पंडितों ने 'देवर दासिमय्या' को प्रथम वचन रचनाकार माना है। बसवेश्वर का एक वचन इसे स्पष्ट करता है कि बसवेश्वर और उनके समकालीन शरणों से पूर्वकाल में वचन साहित्य का निर्माण हो रहा था।

बसवेश्वर के पूर्व में वचन साहित्य का सृजन अत्यन्त मन्द गति से हो रहा था। आगे आनेवाले शरणों के युग में वचन काव्य-रचना एक आन्दोलन का रूप धारण कर चुका था।

जब इन शिवशरण और शरणियों ने कल्याण (आज का बसवकल्याण बीदर जिला) को अपना कार्य क्षेत्र बनाकर अनुभव मंटप की स्थापना की तो इन्होंने वचन साहित्य की रचना प्रचुर मात्रा में की। इसकी आलोचना-प्रत्यालोचना के फलस्वरूप उसमें वैचारिकता की गम्भीरता आई।

इन्होंने सामाजिक चेतना से प्रेरित होकर लोगों की अन्ध भक्ति और अज्ञान को दूर करने के लिए, सब प्रकार से समान स्वस्थ समाज की स्थापना के लिए काव्य की रचना की।

सुन री सजनी...

किसी समाज या देश की अर्धशक्ति स्त्री होती है। स्त्री धरती माता कही गई है। वह अपना सब कुछ समर्पण कर इस संसार का लालन-पालन करती है। पर अत्यन्त ही दु:ख का विषय है कि वह सदैव ही उपेक्षित रही है। स्त्री इस विश्व की सर्वप्रथम दलित है। इस पुरुष प्रधान समाज में व्यक्तित्व विकास के सब प्रकार के अवकाशों से वह वंचित रही है। वह भोग की वस्तु मानी गई है। नारी बाल्यावस्था में पिता पर, यौवनावस्था में पति पर और वृद्धावस्था में बेटों पर निर्भर रहती है।

भारत में वैदिक चिन्तन ने तो स्त्री व्यक्तित्व की सर्वोपरि उपेक्षा की है। मुँह से तो यह भी कहा गया कि 'मातृ देवो भव:' जहाँ नारी की पूजा होती है वहाँ देवता लोग रमते हैं, वह आदिशक्ति परमेश्वरी के प्रतीक के रूप में है, आदि। पर वास्तव में वह नारकीय वेदनाओं में जीवनयापन करती रही है। इस देश के हर गाँव में देवी के मन्दिर मिलेंगे, त्रिमूर्तियों के दाँत खट्टे करनेवाले असुरों का संहार करनेवाली देवी तथा उसकी प्रभुता को स्वीकार करनेवाली पुराण कथाएँ उपलब्ध हैं। पर यथार्थ में उसे हर स्थान, हर मान और हर कार्य के लिए अयोग्य बतानेवाले प्रतिबन्ध भी पाए जाएँगे। स्त्री को झूठ का अवतार मानते हुए याज्ञवल्क्य और वशिष्ठ ने उसे साक्षी के लिए भी अयोग्य घोषित किया था। दयालु और करुणामयी धर्ममार्ग के गौतम बुद्ध ने भी कोई समानता का स्थान स्त्री को नहीं दिया था।

स्त्री ने पुरुष के जीवन में माँ, पत्नी, बहन, बेटी, बनकर उसके जीवन को आलोकित किया, मधुर बनाया, सार्थक किया और चेतना की शक्ति बनी रही। तुलसीदास जैसे महान संत कवि ने भी बिना संकोच के स्त्री के बारे में कहा कि 'ढोल, गँवार, शूद्र, पशु, नारी ये सब ताड़न के अधिकारी।' यह तो पुरुषवर्ग की मानसिक अस्वस्थता का स्पष्ट उदाहरण लगता है। स्त्री वेदना की सीमा का कहीं अन्त नहीं है। विवाह से पहले माता-पिता की सेवा में और विवाह के बाद पति की सेवा में जीवन व्यतीत होता है। पति यदि पहले मर जाता है तो बेटों की मर्जी पर जीवन जीना होता है। उसका तो अपना एक घर होता ही नहीं

है। मायका तो माँ-बाप और भाइयों का घर है, पति का घर तो पति का होता है उसका अपना नहीं है।

भारतीय वर्णव्यवस्था में ब्राह्मण के लिए वेदाध्ययन, क्षत्रिय के लिए युद्ध, वैश्य के लिए धनार्ज़न स्वधर्म है, पर शूद्र का धर्म इन सबकी सेवा करना है। स्त्री भी अपने तीनों रक्षकों—पिता, पति और पुत्र की सेवा का कर्तव्य निभाती है। स्त्री की गिनती भी शूद्रों में ही की गई है। जिस प्रकार शूद्र अपने व्यक्तित्व विकास की ही सुविधाओं से वंचित था उसी प्रकार स्त्री भी वंचित थी। शिक्षा प्राप्त करने की दृष्टि से एक राजा की पुत्री और एक दलित मजदूर की पुत्री की स्थिति एक जैसी थी क्योंकि पुरुष ने कभी नहीं चाहा कि स्त्री शिक्षित हो। मनु ने तो घोषणा की थी कि नारी स्वातंत्र्य के लिए योग्य नहीं है।

यह तो स्त्री व्यक्तित्व को शून्य करना हुआ। लगता है वैदिकों के साथ जैन भी स्त्री को मुक्ति प्राप्ति के योग्य नहीं मानते थे।

सती प्रथा हमारे देश में प्रचलित थी। अपमानजनक और उपेक्षित विधवा जीवन से सती होना ही श्रेष्ठ समझने का भ्रम था। क्षत्रियों में यह पद्धति अधिक थी। उसकी इच्छा-अनिच्छा की उपेक्षा कर पति के साथ वह जला दी जाती थी। इस प्रकार उस कालीन समाज में हजारों बन्धनों के बीच वह सजीव शव थी।

जिस पति के मरने के बाद स्त्री सती होती है उस पुरुष पति को पत्नी के प्रति प्रामाणिक होना अनिवार्य नहीं है। भारतीय विधवा स्त्री की वेदनाओं की कोई सीमा नहीं है। श्रृंगार करना, मुक्त होकर हँसना भी उसके लिए वर्जित माना जाता है। किसी वर्ग और जाति की विधवाओं की वेदनाओं में कोई अन्तर नहीं है। राम को पुरुषोत्तम माना जाता है पर उन्होंने भी अपनी पत्नी सीता की अग्नि परीक्षा के रूप में स्त्री अस्तित्व को नकारा था। मरे हुए पति को स्वर्ग से सावित्री लौटाकर ले आती है। पर वही पुरुष सैकड़ों जीवित स्त्रियों को अग्नि में झोंक देता है।

पुरुष वर्ग की सुख-सुविधा के लिए स्त्री सदैव अपने आपको पूर्ण रूप से समर्पित करती आई है।

नारी की निन्दाओं से, नारी के अनादर से, नारी को द्वितीय श्रेणी की नागरिक सिद्ध करने के उदाहरणों से हमारे शास्त्र-पुराण भरे पड़े हैं। पुरुष निर्मित साहित्य, दर्शन और इतिहासों में स्त्री सदैव हाशिए पर रही है।

लगता है, भारत ही नहीं बल्कि विश्व के हर देश में स्त्री अपने व्यक्तित्व विकास के अवकाशों से वंचित ही रही है। हर समाज ने स्त्री को उपेक्षा की दृष्टि से ही देखा है। कुछ उदाहरण देखा जा सकता है :

"स्त्री को कभी तत्त्वशास्त्र का अध्ययन नहीं करना चाहिए, वैवाहिक जीवन के नियमों का पालन करना ही स्त्री के लिए श्रेष्ठ तत्त्व है।"

—यूरोप का एक धर्मोपदेश

"ज्ञान, पुरुष का आदर बढ़ाता है तो अज्ञान स्त्री की सुन्दरता का कारण बनता है।"

—एक चीनी कहावत

"स्त्री, पुरुष का कोई मार्गदर्शन नहीं कर सकती। इस संसार में स्त्री की वजह से ही पाप है। इसलिए स्त्री भयंकर नरक में जाती है। उसकी मुक्ति का कोई मार्ग नहीं है।"

—सेंट पॉल

"न स्त्री स्वातंत्र्यम् अर्हति"

—मनु

हिन्दू धर्म में तो शूद्र अत्यन्त हीन जीव है और स्त्री तो नीच मानी ही गई है। इसलिए हिन्दू समाज में स्त्री की स्थिति शूद्रों से भी दयनीय है।

"स्त्री सब बुराइयों की जड़ है।"

—महाभारत

"स्त्री चंचला है, तलवार की तरह तेज है, तूफान की तरह अस्थिर है।"

—रामायण

"स्त्री एक वस्तु है, एक चीज है।"

—शाक्त

बेटी के विवाह में पिता अपनी बेटी का कन्यादान करता है। प्राय: भारतीय भाषा में ही 'कन्यादान' जैसा शब्द देखने को मिलता है जहाँ किसी वस्तु या प्राणी को दान के रूप में देने की प्रथा सुनने में आती है अर्थात् भारतीय सन्दर्भ में स्त्री का अस्तित्व किसी वस्तु या प्राणी के समान ही है।

दहेज के नाम पर स्त्री को जला देना अत्याचार है। स्त्री-भ्रूण-हत्या भारतीय समाज के लिए बहुत बड़ा कलंक है। आनेवाले दिनों में स्त्री की नारकीय स्थिति को लेकर यह एक चेतावनी है। आठवें दशक में तमिलनाडु के उसिलंब में वुल्लकर जाति में लगभग छह हजार नवजात शिशुओं की हत्या माँ-बाप ने मिलकर की थी। आज भी राजस्थान और हरियाणा में स्त्री-भ्रूण-हत्या आम बात लगती है। मुम्बई

के एक अस्पताल में ही 1984-85 में सोलह हजार स्त्री-भ्रूण-हत्या की बात बाहर आई थी। *(गार्डियन 4.11.86)*

1978-83 के बीच प्राप्त आँकड़ों के अनुसार भ्रूण-हत्या के उदाहरण मिलते हैं। एक समाचार-पत्र से पता चला है कि इन दिनों हरियाणा के एक निजी अस्पताल के पास एक कुएँ में सौ से अधिक स्त्री शिशु भ्रूण मिले हैं। ऐसा नहीं है कि अशिक्षित और निर्धन लोग ही यह काम करते हैं। पढ़े-लिखे और सम्पन्न परिवारों में भी यह हो रहा है। कहा जाता है कि एक स्वस्थ समाज में स्त्री-पुरुषों की संख्या 51:49 के अनुपात में होनी चाहिए। तात्पर्य है कि स्वस्थ समाज में स्त्री संख्या का पुरुष संख्या से अधिक होना सही माना गया है। पर स्त्री-भ्रूण-हत्या की वजह से प्रति एक हजार जनसंख्या में लगभग 70-75 की दर से संख्या कम होती जा रही है। हरियाणा और पंजाब में युवकों के विवाह में युवतियों के अभाव की समस्या गाँवों में देखी जा रही है। समाज के समाजशास्त्रियों का तो कहना है, आनेवाले दिनों में द्रौपदी की तरह पाँच पति होने का दृश्य देखने को तो नहीं मिलेगा? स्त्री-भ्रूण-हत्या को अपराध करार देने का कानून तो आया है पर मनुष्य के मन को मानवतावादी करने के लिए कोई कानून नहीं है।

इस प्रकार की राक्षसी प्रवृत्ति के दो कारण हैं—समाज में स्त्री के प्रति हीनभावना का होना और बेटी की शादी में माँ-बाप का आर्थिक नुकसान होना। भारतीय मानसिकता यह समझ बैठी है कि बेटे से ही परिवार का उद्धार होता है। सैकड़ों की संख्या में इधर एक जनजाति में माँ-बाप ने अपनी बेटियों को बेच दिया। कारण है गरीबी और बेटी की शादी रचने में उनकी आर्थिक अयोग्यता।

जमीन को निजी सम्पत्ति के रूप में देखने की परिकल्पना के साथ पितृप्रधान परिवार अस्तित्व में आया। स्त्री अपना आर्थिक अधिकार खो बैठी। सम्पत्ति के उत्पादन अधिकार से वह वंचित हो गई और द्वितीय श्रेणी की नागरिक बन गई। पुरुष जब हल चलाने लगा तो हल का मालिक भी बन बैठा और जमीन का भी। इसी उपक्रम में स्त्री का भी मालिक बन बैठा। स्त्री और विश्व की सब चीजों पर पुरुष का अधिकार हो गया। तभी से स्त्री की दुखभरी हीनावस्था शुरू हो गई।

मानव मात्र के इतिहास के साथ स्त्री मुक्ति का इतिहास भी जुड़ा हुआ है। लेकिन अत्यन्त ही अनसुनी आवाज में। लगभग सन् 1830 के आसपास अमेरिका की महिलाएँ गुलामी विरोधी कार्यक्रमों में स्वयं को शामिल करने लगीं। अमेरिका में 'गुलामी विरोधी समाज' का आरम्भ 1883 में हुआ था। यह समाज गुलामी विरोधी संघर्षों के लिए बनी संस्थाओं में से एक था। महिलाओं को इस समाज

की समिति की सदस्यता देने के योग्य नहीं माना गया था। आश्चर्य होता कि यूरोप के कई देशों से आकर अमेरिका का निर्माण करनेवाला यह श्वेत पुरुषवर्ग मानता था कि स्त्री को स्वतंत्रता नहीं देनी चाहिए; यह पुरुष प्रधान समाज का अहं था। वे यह मानते थे कि स्त्री को घर के काम-काज में ही लगना चाहिए। इसीलिए श्वेत महिलाएँ अपने अधिकार के लिए और श्याम वर्ण के गुलामों की मुक्ति के लिए दास्य विरोधी आन्दोलन श्वेत महिलाओं की अस्मिता और श्याम वर्ण की जन-जातियों की मुक्ति के लिए एक साथ काम कर रहा था। यहाँ अधिक बल शोषित, विशेषकर श्याम वर्ण की स्त्री मुक्ति पर दिया गया। गुलामी विरोधी आन्दोलन ने बड़ी सूक्ष्मता से स्त्री मुक्ति का भी काम ऊँची आवाज में किया है। कई अफ्रीकी महिलाएँ भी इस आन्दोलन में काम कर रही थीं, जो स्त्रियों में एक आत्मबल देने में सहायक सिद्ध हुआ। महिलाओं की ओर से एक उदाहरण दिया जा सकता है। सार्जनर टूथ नामक महिला का जन्म न्यूयॉर्क के हरले में हुआ था। इनका पुराना नाम था इबेज बौन फ्री। बूढ़े गुलाम से जबरदस्ती विवाह होने के बाद उन्होंने पाँच बच्चों को जन्म दिया। गुलामी के दिनों में उसके तीन बच्चे बेच दिए गए। सन् 1828 में इसेसाबेल गुलामी से भागकर आई और 1843 से सारी जिन्दगी गुलामी के विरोध में वह भाषण करती रही। सार्जनर अनपढ़ थी पर भाषण कला में चतुर थी। लगभग चालीस वर्षों तक वे स्त्री मुक्ति और गुलामी के विरोध में विचार-प्रसार करती रही। वह दासता विरोधी मात्र नहीं, बल्कि स्पष्ट स्त्रीवादी भी थी। ओहयों में चल रही स्त्री अधिकार आन्दोलन की सभा में दिया गया उनका वक्तव्य बहुत प्रसिद्ध है। वक्तव्य का प्रारम्भ उन्होंने इस प्रकार किया था—मैं एक औरत हूँ न! स्त्री में यह एहसास बहुत ही महत्त्वपूर्ण लगता है। गुलामों की मुक्ति के लिए किए गए आन्दोलनों में कई गुलाम महिलाओं का भाग लेना स्त्री मुक्ति के लिए प्रकाश किरण स्वरूप इतिहास में दर्ज हुआ।

बारहवीं सदी में कन्नड़ का वचन साहित्य स्त्री स्वातंत्र्य, सम संस्कृति की स्थापना, अभिव्यक्ति स्वातंत्र्य, चर्चा-परिचर्चाओं का प्रारम्भ या यों कहें सबको सब प्रकार की समानताओं के स्वस्थ समाज का निर्माण, अंतरंग और बहिरंग व्यक्तित्व विकास की सुलभ सम्भावनाओं का अवकाश, मन्दिर की पत्थर संस्कृति से मनुष्य केन्द्रित संस्कृति की ओर चलने की प्रक्रिया का साहित्य है। इस साहित्य-सन्दर्भ ने लगभग भारतीय निम्न जाति और निम्न वर्ग को पहली बार बोलने, लिखने और सब प्रकार के व्यक्तित्व विकास का अवकाश दिया है। विशेषकर महिलाएँ अधिक संख्या में यहाँ पढ़ती-लिखती काव्य सृजन करती रही थीं, वे चर्चाओं में भाग लेतीं, और समकालीन मानव सम्पन्न मूल्यों की श्रीवृद्धि का कारण बनती हैं। आज लगभग नौ सौ वर्षों के बाद भी 35 से अधिक महिलाओं का काव्य

वचन साहित्य के रूप में मिलता है। सांस्कृतिक स्त्री शक्ति का चिन्तन-विवेचन यहाँ होता है। इसलिए विश्व स्तर पर स्त्री शोषण का अवलोकन और उसकी मुक्ति के लिए किए गए प्रयास इस साहित्य में देखे जा सकते हैं। वचन साहित्य के सन्दर्भ को और अधिक चैतन्यशील दृष्टि से देखा जा सके, इसलिए अमेरिका में गुलामों के संघर्ष का इतिहास और वहाँ की गुलाम महिलाओं के दर्द को आँखों के सम्मुख लाने के लिए कुछ और बातें यहाँ पाठकों के सामने रखने की इच्छा हो रही है।

सन् 1616 : आधुनिक अमेरिका के इतिहास में यह वर्ष महत्त्वपूर्ण है। गुलामों के व्यापार के लिए सुविधाजनक स्थान जेम्स टाउन में अफ्रीकी गुलामों का आगमन। एक डच व्यापारी ने यहाँ गुलामों को अनाज के बदले में खरीदकर गुलामी पद्धति की स्थापना की।

सन् 1638 : अफ्रीकी गुलाम पुरुषों की कीमत लगभग 27 डॉलर निश्चय की गई। यूरोपीय मजदूर का एक दिन का पारिश्रमिक 70 सेंट था।

सन् 1640 : रोमन पद्धति की तरह गुलामों पर मुहर लगाना, उन्हें चाबुक से मारना आदि शुरू किया गया।

सन् 1641 : गुलाम पद्धति को कानून के मुताबिक सही ठहराया गया।

सन् 1660 : गुलामी के सम्बन्ध में कई कानून लाए गए। कानून के अनुसार अफ्रीकी गुलाम, गुलाम औरत के बच्चों को सारी जिन्दगी गुलाम रहकर सेवा करनी होगी।

सन् 1662 : वर्जीनिया कानून के अनुसार सारे अफ्रीकी अश्वेतों को गुलामी करनी होगी। नीग्रो औरतों को श्वेत पुरुषों के सम्बन्ध से यदि बच्चे जन्म लेते हैं तो माँ की तरह बच्चे को भी गुलामी करनी होगी।

सन् 1664 : मेरीलैंड में गुलामी पद्धति का कानून लाया गया। श्वेत महिलाओं का अश्वेत पुरुषों के साथ विवाह करना कानून विरोधी माना गया। यह कानून अगले 300 वर्षों तक जारी रहा। (अर्थात् 1964 तक!)

सन् 1672 : ब्रिटेन ने रॉयल अफ्रीकन कम्पनी की स्थापना कर अफ्रीकी कानून के अनुसार गुलामों का व्यापार प्रारम्भ कर दिया।

सन् 1680 : गुलामी पद्धति के नीति-नियम बनाए गए। नियम के अनुसार गुलामों को निजी सम्पत्ति माना गया। मालिक गुलामों को खरीद सकता था, बेच सकता था, किराए पर दे सकता था

और गुलामों को बदल सकता था। गुलामों को शादी करने, मत देने, सम्पत्ति रखने और अदालत में खड़ा होकर साक्षी बनने का अधिकार नहीं था।

सन् 1698 : ब्रिटिश संसद ने ब्रिटिश व्यापारियों को गुलामों का व्यापार करने की अनुमति दी।

सन् 1717 : नीग्रो पुरुष श्वेत स्त्री से यदि विवाह करता है या श्वेत पुरुष नीग्रो स्त्री से विवाह करता, तो उनको सारा जीवन गुलाम बनकर रहना होगा। श्वेत स्त्री से जन्मे बच्चे का सात वर्षों तक सेवक बनकर रहने का कानून मेरीलैंड राज्य ने पारित किया।

सन् 1776 : ब्रिटेन से देश स्वतंत्र हुआ। फिर भी औरतों को कई तकलीफों का सामना करना पड़ा। एकाध धनवानों को छोड़कर अन्य स्त्रियों को प्राथमिक शिक्षा से बढ़कर शिक्षा की सुविधा नहीं थी।

सन् 1894 : मेरीलैंड की गुलाम स्त्री हॅरियेट् टब् मन् उत्तर दिशा की ओर भाग गई और अंडर ग्राउंड रेलमार्ग में कंडक्टर बन गई। टब् मन् 19 बार दक्षिण में आई और 300 गुलामों को मुक्त कराने में सहायता की।

तात्पर्य यह है कि बारहवीं सदी में कन्नड़ साहित्य में बहुत संख्या में महिलाएँ काव्य की रचना कर रही थीं और अमेरिका में सोलहवीं सदी के आसपास भी स्त्रियों में गुलामी प्रथा चल रही थी और वे मुक्ति के लिए संघर्ष अब शुरू कर रही थीं। 'मध्यकाल में चर्च ने अपने से रत्ती-भर भी असहमत होनेवाले हजारों स्त्री-पुरुषों को डायन और शैतान का पुजारी घोषित करके बहुत ही क्रूर और बीभत्स तरीकों से मौत के घाट उतार दिया था। जॉन ऑफ आर्क को भी जादू-टोने के आरोप में जिन्दा जलाया गया था।'[1]

स्त्री के आँसुओं की दर्द भरी कथा पुरुष प्रधान समाज के ऐतिहासिक पृष्ठों में हर कहीं सुनाई देती है। अपने आपको 'प्रगतिशील देश' घोषित करनेवाले कई देशों में चार-पाँच दशकों पूर्व तक स्त्रियों को वोट देने का अधिकार नहीं था। वैश्विक परिप्रेक्ष्य में आधुनिक काल में भी महिला को प्रोफेसर होने और नोबेल जैसे पुरस्कार प्राप्त करने से दूर रखा गया था।

आज जिस सन्दर्भ में हम जी रहे हैं, हर रोज समाचार-पत्रों में महिला को जला देने, सामूहिक अत्याचार, बेटियों के साथ माँ की आत्महत्या आम बात हो गई है। आजाद भारत के समकालीन युग में भी स्त्री-सती होने के उदाहरण हैं।

---

1. विद्रोही स्त्री—जर्मन ग्रीयर, 239

रूपकुँवर जैसी युवती सती होती है और देखा यह गया है कि उसके पति और ससुर सुशिक्षित थे। सती प्रथा का वैभवीकरण होता है और उस सती के मन्दिर निर्माण के भी प्रयास होते हैं। एक युवा नेता, जो किसी एक राजकीय पार्टी से जुड़ा हुआ होता है, अपनी प्रियतमा लगनेवाली युवती को दो-दो इंच टुकड़ों में काटकर किसी ढाबे के चूल्हे में डाल देता है। आज भी कई गाँवों की स्त्री-शिक्षा शून्य के बराबर है। इससे अन्दाजा लगाया जा सकता है कि स्त्री मुक्ति की लड़ाई अभी कितनी लम्बी है।

वचन साहित्य : स्त्री चिन्तन का उत्साह काल

किसी कवि ने लिखा है :

इतिहास लिखना
काव्य का काम नहीं है
काव्य से बढ़कर
सुन्दर इतिहास लिखनेवाला
कोई इतिहासकार नहीं है।

किसी काव्य, शास्त्र, पुराण आदि में निहित सत्य को सूक्ष्मता से देखने पर स्त्री की स्थिति का चित्रण हमारी आँखों के सामने स्पष्ट हो जाता है। स्त्री शोषण की ऐतिहासिक दृष्टि को सचेत रखकर ही स्त्री मुक्ति के प्रयास किए जा सकते हैं। कहा गया है कि जो इतिहास नहीं जानता वह इतिहास का निर्माण नहीं कर सकता है।

कन्नड़ साहित्य के इतिहास की परम्परा में बारहवीं सदी का वचन साहित्य युग सच्चे अर्थों में स्वर्ण युग कहा जा सकता है। इस काल के कन्नड़ कवि-कवयित्रियों ने, जो शिवशरण-शिवशरणियाँ कहलाते हैं, कविताओं की रचना सामाजिक, आर्थिक, सांस्कृतिक और धार्मिक आन्दोलन के लिए की है। काव्य धर्म इनके लिए साधन मात्र था, न कि साध्य।

'वचन' गद्य-पद्य का सम्मिश्रण सरस काव्य विधा मानी जा सकती है। इनके साहित्य को 'वचन साहित्य' के नाम से जाना जाता है।

एक समय में एक शेक्सपियर या वड्‌र्सवर्थ का होना, एक कालिदास या रवीन्द्रनाथ टैगोर का होना मेरे लिए या किसी भी स्वस्थ साहित्य प्रेमी के लिए आश्चर्य की बात नहीं लगनी चाहिए। यहाँ तो हर कोई महान कवि था, महाकवि था, महान कवयित्री थी।

अनुभव मंटप

सामूहिक चिन्तन से, प्रश्न करने की परम्परा से, चर्चा-परिचर्चाओं की संस्कृति से सज्जनों के सत्संग से, सबसे बढ़कर सामाजिक हित के सामूहिक उत्तरदायित्व की

चेतना से असम्भव सम्भव होता है। इसके लिए ही शिवशरणों ने 'अनुभव मंटप' की स्थापना की थी। सत्संग और सहचिन्तन इस अनुभव मंटप की विशेषता है।

एक अनुभव की बात है कि तुम्हारे मित्र मंडली के सदस्यों के स्वभाव से पता चलता है कि तुम क्या हो। तुम्हारे व्यक्तित्व का निर्माण उससे होता है जिन लोगों के साथ तुम हो। थोड़ा-सा खोकर और थोड़ा-सा प्राप्त कर तुम बुरे या अच्छे बनते हो। इसलिए विद्वान, चिन्तक, जनवादी, जीववादी के सत्संग में रहोगे तो उसी को प्राप्त करोगे। स्वस्थ समाज के निर्माण के लिए तुम्हारा व्यक्तित्व बहुउपयोगी बन पाएगा। यही सार्वकालिक सत्य है। हर एक पत्थर में एक मूर्ति होती है, पर अनामिकावस्था में। चिन्तन-मंथन से, कलात्मक, सूक्ष्म बारीकियों के काम से एक कलात्मक शिल्प कलाकृति का साक्षात्कार करना पड़ता है। यह सत्संग से ही सम्भव होता है। सत्संग से मनुष्य हीनभावना और अहंभावना इन दोनों से मुक्त होता है। इन दोनों से मुक्त समाज में व्यक्ति और समाज का हित सम्भव होता है। व्यष्टि एवं समष्टि का सुन्दर समन्वय सम्भव होता है।

ज्ञानी और अनुभवी-अनुभावियों के सत्संग से अपनी उपयोगिता और योग्यता का भी परिचय होता है। संवेदनशील और श्रेष्ठ लेखक, कलाकार, संगीतकार और सांस्कृतिक महत्त्व के व्यक्तियों का विकास ऐसे ही सत्संग से हुआ है। गलत रास्ते पर जा रहा व्यक्ति भी विद्वानों के मार्गदर्शन से सही रास्ते पर चलने लगता है। अनुभवी चेतनाओं के अनुभव मंटप सत्संग से बिगड़ी हुई बात बनती है। कबीरदास ने भी कहा है :

सत्संग लागी रहो रे भाई।
तेरी बिगरी बात बन जाई॥

ऐसा नहीं कि सत्संग का सत्फल इने-गिने लोगों को ही मिलता है। ब्राह्मण, क्षत्रिय, वैश्य, शूद्र, अन्त्यज सब को यह सत्फल सुनिश्चित है। पर देखना यह होता है कि क्या यह सज्जनों का सत्संग है या कोई भ्रम। शरण संत कबीरदास, बसवेश्वर आदि के सत्संग से कई उपेक्षित शरण संतों ने श्रेष्ठता को प्राप्त किया।

साहित्यिक और सामाजिक क्रान्ति की कल्पनाओं को यथार्थ में परिवर्तित करने के लिए शिवशरणों ने 'अनुभव मंटप' की स्थापना की थी। वर्ग-वर्ण-लिंग का भेदभाव न करते हुए सबको अनुभव मंटप में प्रवेश मिला। इसकी सदस्यता के लिए यह अनिवार्य माना गया था कि इसके सदस्य सभी को समानता की दृष्टि से देखें। शुद्ध कायक (श्रम) करते हुए परिश्रमजीवी बनकर रहें और स्त्री-पुरुषों से भेदभाव न करें। सारे भारत के भिन्न-भिन्न प्रदेशों से इस अनुभव मंटप में भाग लेने के लिए; धार्मिक और सामाजिक परिवर्तन के आन्दोलन से अपने आपको जोड़ने के लिए यहाँ सभी जमा हो गए थे, जैसे कश्मीर से राजा महादेव और उनकी पत्नी,

गुजरात से आदय्या, कलिंग देश से मरूळशंकरदेव, आन्ध्रा से मैदून रामय्या तथा कर्नाटक के कोने-कोने से शिवशरण और शरणियाँ। सभी श्रमवर्ग के लोगों ने इसमें भाग लिया था, जैसे—मोची, ढोर पालक, धोबी, केवट, हज्जाम, लकड़ी बेचनेवाले, रस्सी बनानेवाले, किसान, नट, संगीतज्ञ, चावल कूटनेवाले आदि। लगभग सब शरण अपनी धर्मपत्नी के साथ अनुभव मंटप की आध्यात्मिक और साहित्यिक परिचर्चाओं में भाग लेते थे। जीवन के भीतर-बाहर की चर्चा करते थे एवं अन्तरंग और बहिरंग शक्ति प्राप्त करते थे। उस युग में शरण-शरणियों के सत्संग के केन्द्रस्थान अनुभव मंटप द्वारा अनुपम सांस्कृतिक विकास सम्भव हुआ। आश्चर्यजनक रीति से उपेक्षित निम्न जाति एवं निम्न वर्ग के शरण-शरणियों ने अनुभव मंटप की चर्चाओं में सक्रिय भाग लिया, काव्य की रचना की, काव्य को लेकर आलोचना की एवं काव्य और जीवन का सुन्दर समन्वय किया। इस सत्संग में, जिसने कभी बात नहीं की थी, उसने ऊँची आवाज में सांस्कृतिक बातें कीं। स्त्रियों ने सबसे पहली बार व्यक्तित्व का सर्वोपरि विकास किया और इससे सामाजिक व्यक्तित्व का भी विकास हुआ।

शरणों के सत्सम्पर्क में आकर कई हीन जाति के लोगों ने व्यक्तित्व विकास किया। वे सोचने लगे कि जन्म से कोई छोटा या बड़ा नहीं होता। शरणी लिंगम्मा इस सत्संग से अपने को धन्य समझती हैं और कहती हैं :

निम्न जाति में जन्म लेकर
सत्संग में विकसित होकर,
सत्य शरणों के चरणों में रही।

इस वचन साहित्य आन्दोलन ने जाति पद्धति, अस्पृश्याचरण, एवं असमानता के विरुद्ध जो युद्ध छेड़ा था उससे उपेक्षित वर्ग ने स्वाभिमान और आत्मबल हासिल किया, जो मनुष्य की भूख मिटाने से भी महत्त्वपूर्ण माना जाता है। इस साहित्यान्दोलन ने स्त्री के व्यक्तित्व को निडरता और वैचारिकता की दीक्षा दी थी। वह अपने पति को वैचारिकता की दिशा में मार्गदर्शन करने का साहस कर सकती थी। शरण आयुदक्की मारय्या और उसकी पत्नी लक्कम्मा दोनों अपने सात्त्विक कायक के लिए शरण कुल में प्रसिद्ध थे। मारय्या बसवण्णा के महामने के आँगन में से चावल चुनकर लाते थे। इससे उनका पेट भरता था और जंगमों की सेवा भी इसी से हो जाती थी। मारय्या का कायक यही था। एक दिन वहाँ चावल अधिक पड़ा मिला और मारय्या के उस दिन अधिक चावल घर लाने से पत्नी लक्कम्मा पति को सचेत करती है और कहती है कि दुराशा तो राजा में होती है हममें नहीं। आवश्यकता से अधिक चावल लौटाने को कहती है। यह है स्त्री के व्यक्तित्व का विकास। लक्कम्मा का यह वचन स्पष्ट कर देता है कि आवश्यकता से अधिक संग्रह करने की प्रवृत्ति समाज के लिए घातक है :

आशा तो राजा में चाहिए
शिवभक्तों में क्यों?
इतने चावल की आशा आपमें क्यों?
ईश्वर मानेंगे नहीं, मारय्यप्रिय, अमरेश्वर लिंग से
आप दूर हैं हे मारय्या।

शिवशरणी अक्कमहादेवी तो सत्संग की चैतन्यशक्ति अनुभव मंटप की महान देन है। वह तो भाषा की मंत्रशक्ति का साक्षात्कार करनेवाली है। शरणों के सत्संग और मार्गदर्शन से गुरु-लिंग-जंगम द्वारा 'शिवयोग' की चरम सिद्धि की वह साधिका है। राजसत्ता-पुरुषसत्ता और दैव सत्ता के प्रतिनिधि राजा कौशिक को त्यागकर जड़ परम्पराओं का विरोध करके स्त्री में विद्रोह की चिंगारी जागृत रखते हुए अक्कमहादेवी अपने एक वचन में यह स्पष्ट कर देती है कि किस प्रकार शरणों के सत्संग से उसके तन-मन और प्राण शुद्ध बन जाते हैं और वह अपने इष्टदेव चन्नमल्लिकार्जुन के लिए योग्य बनती है :

हे जी, आप अनुभावियों के सत्संग से
मेरा तन शुद्ध हुआ,
हे जी, आप अनुभावियों के सत्संग से
मेरा मन शुद्ध हुआ,
हे जी, आप अनुभावियों के सत्संग से
मेरा प्राण शुद्ध हुआ,
हे जी, आप अनुभावियों ने मुझे
परीक्षा कर योग्य बनाया इसलिए,
हे चन्नमल्लिकार्जुन, मैं
आपसे स्वीकृत हुई हूँ।

—अक्कमहादेवी

पहले ही कहा जा चुका है कि शरणपूर्व काल में स्त्री भोग की वस्तु मात्र मानी जाती थी। विशेष कर मठ-मन्दिर भोग के केन्द्र बन चुके थे जिसमें स्त्री पर अत्याचार प्राय: हुआ करता था। स्त्री गौरव से नहीं बल्कि कामुक भावना से देखी जाती थी। काळामुख आदि शैव व्यसनी बन गए थे। दैवी-आचरण के बहाने देवदासियाँ विवाह की सुविधा से वंचित होकर उच्च वर्ग और वर्ण के पुरुषों की कामवासना का शिकार बनती थीं। हर वर्ग-वर्ण की स्त्री शोषित थी और व्यक्तित्व विकास की सुविधाओं से वंचित थी। भारतीय नारी की दुर्गति अवर्णनीय कही जा सकती है।

नारी की इस दुर्गति और उपेक्षा की शिवशरणों ने कड़ी आलोचना की है और ऐसे समाज का इन्होंने विरोध किया है। वह तो पुरुष की सहधर्मिणी होती है। पुरुष

के विकास में सहायक ही नहीं बल्कि प्रेरणा बन सकती है। अवकाश मिलने पर पुरुष के समान ही व्यक्तित्व के सर्वांगीण विकास की चरम सीमा पर पहुँच सकती है। बसवयुग की शिवशरणियाँ इस तथ्य का प्रमाण हैं। लगभग सभी शिवशरणियों ने अनुभव मंटप में भाग लेकर शरणों के साथ धार्मिक, सामाजिक और साहित्य का चिन्तन किया। अन्य शिवशरण कवि—बसव, अल्लम प्रभु, चन्न बसवण्णा और सिद्धराम के समान ही श्रेष्ठ वचनों की रचना की हैं। आत्मोन्नति के साथ-साथ समाजोन्नति के मार्ग में इनकी बड़ी देन रही है। पुरुषों के साथ साहित्य, समाज और धर्म में इन्होंने समानता से प्रभाग किया।

अल्लम प्रभु यह स्पष्ट करते हैं कि स्त्री साधना के मार्ग में माया नहीं है। मनुष्य का मानसिक विकार ही माया है।

कहते हैं :

कनक माया है, कनक माया नहीं,
नारी माया है, नारी माया नहीं,
मिट्टी माया है, मिट्टी माया नहीं,
मन की आशा ही माया है, हे गुहेश्वर!

सही मायने में पुरुष के कन्धे से कन्धा मिलाकर इस युग में स्त्री ने विकास किया है। अदूर दृष्टि से अन्धों की आग में जलती नारी ने पुकार-पुकार कर अपनी मुक्ति के लिए काव्य रचना की और इसमें अत्यन्त ही आत्मीयता से शरणों ने इनकी सहायता की। सामाजिक क्रान्ति का एक मार्ग इन शरणियों ने ढूँढ़ निकाला।

शरण और शरणियों ने पुरुष और स्त्रियों में योग्यता की दृष्टि से अन्तर को नकार दिया। शारीरिक रचना मात्र से वे दोनों भिन्न हैं न कि प्रतिभा और योग्यता में। शरण जेडर दासिमय्या कहते हैं कि थन-चोटी से स्त्री, स्त्री कहलाती है और मूँछ से पुरुष, पुरुष कहलाता है। लेकिन इनमें स्थित आत्मा न पुरुष है न स्त्री :

थन चोटी से स्त्री कहलाएगी,
मूँछ-दाढ़ी से पुरुष कहलाएगा।
दोनों में स्थित आत्मा न स्त्री है न पुरुष है हे रामनाथ!

ज्ञान प्राप्ति के लिए भी स्त्री-पुरुष में कोई अन्तर नहीं किया जा सकता। ज्ञान न स्त्री का है न पुरुष का। इसलिए शरणी गोग्गव्वे पूछती हैं :

थन चोटी से स्त्री कहलाएगी,
मूँछ और काछा से पुरुष कहलाएगा,
इन दोनों में स्थित ज्ञान स्त्री है या पुरुष, हे नास्तिनाथ?

अक्कमहादेवी अपनी साधना के लिए घर-बार, गाँव की उपेक्षा कर सारे सामाजिक बन्धनों को तोड़कर कल्याण आई थीं। उन्हें कई बाधाओं का सामना करना पड़ा। अक्कमहादेवी बाधाओं को चुनौती देती हैं कि कल का आज, आज का अभी आने दो :

कल जो आएगा, आज ही आने दो,
आज जो आएगा, अभी आने दो,
अब-तब मत कहो, हे चन्नमल्लिकार्जुन!

स्त्री के प्रति शिवशरणों के मन में असीम गौरव की भावना थी। स्वस्थ समाज के लिए स्त्री के प्रति गौरव की भावना अत्यन्त आवश्यक है। शरण श्री सिद्धराम कहते हैं कि स्त्री, स्त्री मात्र नहीं बल्कि वह साक्षात् मेरा आराध्य कपिलसिद्ध मल्लिकार्जुन ही है :

स्त्री, स्त्री मात्र नहीं,
स्त्री, राक्षसी नहीं,
स्त्री साक्षात् कपिलसिद्ध मल्लिकार्जुन है।

बसवेश्वर कहते हैं कि यहाँ-वहाँ विचरते हुए कहीं पर भी स्त्री को नहीं देखूँगा। उसे मैं साक्षात् पार्वती समझूँगा जो जीवन का श्रेष्ठ मूल्य है :

शपथ! आपकी शपथ, आपके शिवचरणों की शपथ,
जहाँ कहीं भी मन विचरण करेगा,
पर स्त्री को महादेवी कहूँगा हे कूडलसंगमदेव।

परधन और परस्त्री को शरणों ने कभी स्वीकार नहीं किया। परस्त्री और परधन पर जो दृष्टि डालता है वह भगवान को भी सन्तुष्ट नहीं कर सकता। बसवण्णा का निम्न वचन देखिए :

नीयत होनी चाहिए शरण की, परधन न चाहने की,
नीयत होनी चाहिए शरण की, परसति न चाहने की,
नीयत न रहनेवालों को अपनाते नहीं कूडलसंगमदेव।

शिवशरणी सत्यक्का तो कहती हैं कि परधन, परस्त्री और परदेव त्यागने से बढ़कर कोई पूजा-पाठ, मंत्र-तंत्र, धूप-दीपारती नहीं है। समाज इनके लिए श्रेष्ठ है, व्यक्तिगत आध्यात्मिक साधना नहीं। सत्यक्का का यह वचन देखिए :

अर्चन और पूजा व्रत नहीं,
मंत्र और तंत्र व्रत नहीं,

धूप, दीप और आरती व्रत नहीं,
परधन, परस्त्री, परदैव को नहीं चाहना ही व्रत है,
शंबुजकेश्वर में इन्हें दर्शन कराना ही व्रत है।

शरण-शरणियों के काव्य से यह स्पष्ट हो जाता है कि इन्होंने नारी विमोचन, उसके सर्वांगीण विकास, और समाज में मुक्त वातावरण के निर्माण के लिए प्रयास किया। शायद भारत में बारहवीं शताब्दी में पहली बार नारी को अभिव्यक्ति स्वातंत्र्य मिला। इस अभिव्यक्ति स्वातंत्र्य ने स्त्री में सांस्कृतिक विवेक और प्रश्न करने की शक्ति दी, जो नारीवाद की सफलता की पृष्ठभूमि बनी। शिवशरणी गोग्गव्वे का एक वचन देखा जा सकता है :

पुरुष यदि स्त्री से प्रेम करके
उसे अपनाता है तो वह
पुरुष का आभूषण मानी जाती है,
स्त्री यदि पुरुष से प्रेम करके
उसे अपनाती है तो इसे क्या कहा जाता है?
इस द्वि-विधा के द्वन्द्व से मुक्त होकर
समभाव से रहना ही सुख है
हे नास्तिनाथ! यही परिपूर्णता है।

नारीवाद की दृष्टि से इस वचन का एक सुन्दर और अर्थपूर्ण स्त्री-विमर्श हो सकता है। पुरुषप्रधान समाज की पुरुषसत्ता से यहाँ स्त्री प्रश्न कर रही है और अपनी अस्मिता की स्थापना के लिए चुनौती दे रही है। कहती है, यदि कोई पुरुष स्त्री से प्रेम करके विवाह करता है तो वह स्त्री पुरुष के लिए एक आभूषण मात्र बनकर रहती है। उसका अपना कोई स्वतंत्र व्यक्तित्व नहीं होता। वह हँसती, बोलती, उठती-बैठती भी है तो उस परदैव पति की आज्ञा और इच्छा के अनुसार ही। वह पति परमेश्वर के नाम के साथ मात्र पहचानी जाती है। स्त्री को लेकर यही इस समाज की स्वीकृत परम्परा है। पर शिवशरणी गोग्गव्वे का प्रश्न है कि यदि स्त्री पुरुष से प्रेम करती है और उस पुरुष से प्रेम-विवाह करती है तो उसे आप क्या कहेंगे? क्या वह पुरुष भी स्त्री के लिए एक आभूषण बनेगा?

यहाँ नारी की अस्मिता को सुरक्षित रखने के लिए शरणी गोग्गव्वे के विचार तीन-चार आयामों में काम कर रहे हैं :

(1) नारी को पुरुष के लिए आभूषण मात्र मानने की कैसी बात?
(2) स्त्री भी प्रेम कर सकती है।
(3) पति के चयन का उसे अधिकार है।

(4) पुरुष की श्रेष्ठता का विचार अर्थहीन है इसलिए स्त्री-पुरुषों के बीच भेद-भाव नहीं होना चाहिए।

इस जीवन में दोनों का अस्तित्व समान है। लिंग असमानता की भावना से मुक्त होकर समभाव से रहना ही सुख का समृद्ध मार्ग है एवं यही परिपूर्णता का मार्ग है।

आज स्त्रीवाद भी यही मानकर चल रहा है कि स्त्री-पुरुष भेद को दूर कर समभाव से रहना यही स्वस्थ समाज का द्योतक है। नारीमुक्ति के आन्दोलन में पुरुष का सहचिन्तन परमावश्यक है, स्त्री के साथ पुरुष की सह-यात्रा परमावश्यक है। इसलिए बारहवीं सदी का कन्नड़ वचन साहित्य स्त्री मुक्ति के लिए उत्साह का काल था।

स्त्रीवाद नारीमुक्ति का ही भाव नहीं बल्कि शोषित पुरुषवर्ग की मुक्ति भी चाहता है। शोषित समाज का उसकी ही भावना से मुक्ति चाहता है। स्त्री-पुरुष दोनों में स्वाभिमान और स्वावलम्बन की मानसिकता स्त्रीवाद प्रस्तुत करता है। एक-दूसरे के प्रति आदर का भाव भी स्त्रीवाद की बहुत बड़ी देन है। स्त्री तो पुरुष के प्रति आदर भाव रखती ही थी। पर शरण साहित्य के सन्दर्भ में शिवशरणों ने सदैव स्त्री व्यक्तित्व का आदर किया है। सिद्धराम शरण ने कहा है कि :

स्त्री, स्त्री मात्र नहीं है, वह राक्षसी नहीं है,
स्त्री साक्षात् कपिलसिद्ध मल्लिनाथ है।

बसवेश्वर अल्लम प्रभु, सिद्धरामेश्वर जैसे सभी शरणों ने स्त्री की महानता का इस प्रकार आदर करते हुए सामाजिक, सांस्कृतिक और धार्मिक आयामों में स्त्री व्यक्तित्व की जबरदस्त स्थापना की है।

स्त्री चिन्तन सम्बन्धी लेखन कार्य में महिलाएँ कई आयामों से लिख रही हैं। कन्नड़ साहित्य सन्दर्भ में आज लेखिकाएँ तीन क्षेत्रों में लिख रही हैं :

(1) परम्परावादी सामाजिक, धार्मिक और सांस्कृतिक व्यवस्था को स्वीकार करते हुए यजमान-संस्कृति का गुणगान, धर्म-कर्म और अन्धविश्वास की प्रशंसा करते हुए वास्तविकता-वैचारिकता और कलात्मकता की उपेक्षा करते हुए भ्रमात्मक लोक का निर्माण करनेवाली लेखिकाएँ।

(2) हर स्त्री समस्या के लिए पुरुष वर्ग को दोष देते हुए, समाज की मूल समस्याएँ जैसी गरीबी, बेरोजगारी, जातिव्यवस्था और असमानताओं की ओर ध्यान नहीं देते हुए स्वच्छंद लेखन।

(3) इन दो मार्गों से हटकर ऐतिहासिकता की पृष्ठभूमि में साहित्य-संस्कृति एवं जीवन का विवेचन करते हुए, स्त्री शोषण के इतिहास पर प्रश्न करते हुए, सम-संस्कृति की स्थापना के लिए जागरूक लेखनीवाली लेखिकाएँ।

आज कन्नड़ में अन्तिम प्रकार की लेखिकाओं की पीढ़ी समृद्ध है। आश्चर्य यह होता है कि आज तक लगभग आठ सौ वर्ष पूर्व वचन साहित्य के युग की स्त्रियों ने भी इसी आयाम के काव्य की रचना की है। स्त्री-पुरुष असमानताओं की जड़ परम्परा पर उन्होंने प्रश्न किए हैं :

मिलन के सन्दर्भ में पति-पत्नी,
का अस्तित्व भिन्न हो सकता है,
ज्ञान के सन्दर्भ में भिन्नता कैसी?

—आय्दक्की लक्कम्मा

स्त्री को त्यागकर लिंगाराधना
की बात की जाती है
स्त्री और इष्टलिंग में क्या विरोध है?

—गजेश मसणय्या की पुण्य स्त्री

वास्तविकता और वैचारिकता के स्तर पर स्त्री-पुरुषों की मानव शक्ति की समानता की बात इन कवियों ने की है :

थन चोटी से स्त्री कहलाएगी,
मूँछ और काछ से पुरुष कहलाएगा,
दोनों में स्थित ज्ञान न स्त्री है न पुरुष,
हे नास्तिनाथ!

—गोग्गव्वे

इस साहित्यिक आन्दोलन ने स्त्री में स्वाभिमान, स्वावलम्बन और निडरता का स्वभाव भर दिया था, जो स्त्रीवाद का मूल मंत्र है। अक्कमहादेवी लोकनिन्दा और संघर्षों से नहीं डरती थीं। उसमें स्त्री चिन्तन ने यहाँ तक साहस भर दिया था कि वह कहती हैं :

कल जो आनेवाला होगा, आज आने दो,
आज जो आनेवाला होगा, अब आने दो,
अब-तब न कहो हे चन्नमल्लिकार्जुन!

वे अध्यात्म के चिन्तन में भी बड़ी गहराई से डूब जाती हैं। शिवशरणों के साथ समान रूप से 'शिवयोग चिन्तन' में भाग लेती और लिखती हैं।

आज स्त्रीवाद की स्वस्थ अभिलाषा भी यही है कि स्त्री को इस समाज में व्यक्तित्व विकास के समान अवसर मिलें। उसमें स्वाभिमान एवं स्वावलम्बन हो एवं देश के सामाजिक, सांस्कृतिक, राजकीय-वित्तीय विकास में उसकी सक्रिय

भागीदारी हो। इस लक्ष्य को हासिल करने के लिए चिन्तनशील और संघर्षशील स्त्रीवर्ग को विचारवान पुरुषवर्ग के सहयोग से जंग जारी रखना आवश्यक है। जग को अर्थपूर्ण और सक्रिय करने हेतु जहाँ कहीं भी प्रेरणा के प्रकाश-कण हों उसे सहज ही स्वीकार करना सही निर्णय है। विशेषतः जब भारतीय साहित्य-सांस्कृतिक इतिहास में ऐसे सन्दर्भ हैं तो उसे प्रेरणा के रूप में स्वीकार कर लेना चिन्तन के लिए प्रेरणा की असीम धाराएँ हैं।

जब सारा यूरोप सोया हुआ था, अमेरिका में सोलहवीं सदी में अभी गुलामी पद्धति जारी थी, हिन्दी साहित्य के भक्तिकाल में कबीर आदि संत जातिव्यवस्था और अस्पृश्यता का विरोध कर रहे थे, पर उन्होंने भी स्त्री को साधना के मार्ग में बाधक समझा था, वह भी चौदहवीं सदी में। तो वहीं बारहवीं सदी में कन्नड़ में महिलाएँ, विशेषतः श्रमिकवर्ग की महिलाएँ अधिक संख्या में काव्य लिख रही थीं। काव्य का उद्‌देश्य था सामाजिक हित और स्वस्थ समाज की स्थापना की परिकल्पना। शिवशरणियों के काव्य का आदर्श समाज था, सब प्रकार की समानताओं का समाज, शोषण रहित समाज, स्त्री वर्ग के स्वाभिमान का समाज। वेश्या वर्ग की स्त्री यहाँ काव्य की रचना करती थी, पुरुषवर्ग से प्रश्न करती, साथ-साथ चिन्तनशील पुरुष वर्ग का आदर भी करती थी।

अब मेरे सामने प्रमाण हैं कि हिन्दी में लिखा साहित्य ही भारतीय साहित्य नहीं है। हर भारतीय भाषाओं में लिखा साहित्य भारतीय साहित्य है। हाँ, हिन्दी में आज वह उपलब्ध है तो अधिक पाठकों तक, विशेषतः सभी भारतीय भाषाओं के सन्दर्भ में पढ़ रहे पाठकों तक भी पहुँच पाता है वहाँ के गिने-चुने हिन्दी पाठकों द्वारा।

इसलिए वचन साहित्य की शिवशरणियों की रचना हिन्दी द्वारा भारतीय स्त्री चिन्तन साहित्य का मुख्य पाठ्य हो। जनभाषा कन्नड़ में वचन साहित्य रचा गया। एक भाषा के विकास की चरम सीमा जिसे हम कह सकते हैं, वह यहाँ सम्भव हुआ था। एक वचनकार लिखते हैं, 'करोड़ों वचन लिखकर थक गया जी!' भले ही करोड़ों की संख्या में नहीं पर लाखों की संख्या में वचनों की रचना यहाँ हुई थी। अध्यात्म की सूक्ष्मातिसूक्ष्म और समाजमुखी सहज-सरल विचारों की अभिव्यक्ति की शक्ति इस भाषा को प्राप्त हुई थी। विशेषता यह है कि स्त्रीवर्ग भी समान रूप से इसके लिए कारण था।

बसवेश्वर : जीवन परिचय

बसवेश्वर बसव, बसवण्णा, बसवप्रभु, बसवराज आदि नामों से भी प्रसिद्ध हैं। बसवेश्वर के जीवनवृत्त पर कन्नड़, तेलुगु, तमिल और संस्कृत में भी ग्रन्थ लिखे गए हैं। इनके सम्बन्ध में लिखे बसव पुराण, बसवराज विजय, बसवराज चरित्र, बसवशतक, बसव स्तोत्रद त्रिविधि, बसवस्तोत्रद वचन जैसे ग्रन्थ मिलते हैं।

इन्होंने 'षट्स्थल वचन', 'शिखारत्न वचन', 'कालज्ञान वचन' और 'मंत्रगोप्य' नामक ग्रन्थ लिखे हैं। इनके वचनों का अंकितनाम 'कूडलसंगमदेव' है। जैसा कि भारत के महापुरुषों का जीवन सम्बन्धी जानकारी अस्पष्ट ही रहा करती है—बसवण्णा के जीवनवृत्त के प्रति भी यही बात एकाध सत्य है। कई अनुसंधान, अन्य ग्रन्थाधार के सूत्रों को एकत्र कर अन्तिम रूप से इनका जन्म सन् 1131 माना गया है। बसवण्णा मादरस और मादलांबिका के सुपुत्र थे। उनका जन्मस्थान बागेवाडी (आज का बीजापुर जिला, कर्नाटक) था। कृष्णा-मलप्रभा नदियों के संगम पर स्थित तीर्थ क्षेत्र कूडलबंगम में शिक्षणार्थ रहने लगे। कहा जाता है, जब माँ-बाप उनका उपनयन संस्कार करना चाहते थे, तो इस कर्मठ आचरण का तिरस्कार कर घर से भाग गए। कूडलसंगम में ही व्यक्तित्व विकास करने लगे। बाल्यकाल से ही बड़े क्रान्तिकारी विचार रखते थे। प्रश्न करते थे। क्षेत्र दर्शन के लिए आए हुए पंडितों को आध्यात्मिक चर्चा में हराया था। इस संगम क्षेत्र के विद्या केन्द्र में बसव व्यक्तित्व का विकास हुआ। इसी स्थान में बसव ने अपने भविष्य के आदर्श और जीवन मार्ग का निर्माण किया था। यहीं से उन्होंने निर्णय किया कि धार्मिक क्षेत्र के और जीवन के अन्धविश्वासों को मिटाना ही शुद्ध भक्ति की स्थापना करनी है, सामाजिक विषमता और असमानताओं को मिटाकर सम-समाज की स्थापना करनी है। व्यक्ति स्वातंत्र्य के विकास को पनपने देना है एवं मानवीय सम्बन्धों को मधुर बनाना है। अपने जीवन में बसव ने इन आदर्शों को यथार्थ करने की कोशिश की, और सफल रहे। कल्याण नगर के राजा बिज्जळ के मंत्री बलदेव बसव की माँ के बड़े भाई थे। बसव की भक्ति और ज्ञान की कीर्ति दूर-दूर तक फैली थी। बसवण्णा का विवाह बलदेव की बेटी गंगांबिके और बिज्जळ की पालिता बहन नीलांबिका से हुआ। वे कल्याण चले आए उनके साथ

दीदी अक्कनागम्मा और अक्कनागम्मा का पुत्र चन्नबसवण्णा भी थे।

बलदेव की मृत्यु के बाद बसव की असाधारण प्रतिभा का परिचय पाकर बिज्जळ ने कुछ समय के बाद उन्हें अपना प्रधान मंत्री बनाया।

यद्यपि बसव राज-काज के कार्य में व्यस्त थे, तो भी उनकी भक्ति साधना में किसी प्रकार की कमी नहीं आई। कम ही समय में उनके पास बड़ी भारी संख्या में शरण भक्तों की मंडली जुट गई। कहा जाता है कि इनके सच्चे मार्गदर्शन में एक लाख छियानबे शिवशरण इकट्ठे हो गए। ये जब इतनी बड़ी संख्या में शरण संकुल बसव के साथ मत का प्रचार करने लगे, तब सम्भवत: जैन मतावलम्बियों में बसव के प्रति विरोध बढ़ने लगा और यह विरोध विद्रोह का रूप ग्रहण कर गया। बसव ने जात-पाँत की सामाजिक बुराई को मिटाने के लिए चमार हरलय्या के बेटे का विवाह द्विज मधुवैय्या की बेटी से अपने नेतृत्व में कराया। परम्परावादियों ने इसका कड़ा विरोध किया और राजा बिज्जळ से शिकायत की कि बसव ने सदियों से चली आती वर्ण-पद्धति को तोड़ा है। बसव ने समझाया कि शिवशरणों का चातुर्वर्ण्य पद्धति से कोई सम्बन्ध नहीं है। लेकिन महत्त्वाकांक्षी राजा ने परम्परावादियों को सन्तुष्ट कराने के लिए उन दो शिवशरणों को मरवाया जो पहले चमार और द्विज थे और बसव के प्रभाव से लिंगायत हो गए थे और विवाह रचाया था। बसव तो स्वभाव से ही अहिंसावादी और चारित्र्य की मूर्ति थे। उन्होंने इस परिस्थिति को शान्ति से सँभालने की कोशिश की, लेकिन जब उन्हें पता चला कि इस मामले में मेरा कुछ बस नहीं चलेगा, तब वे राजसी सुखभोग तथा अधिकार को ठुकराकर कूडलसंगम चले गए और वहीं अन्त तक भक्ति की साधना में निरत रहे।

बसवण्णा की मृत्यु सन् 1167 में हुई। उनका जीवनकाल 36 साल माना गया है। बसवेश्वर के वचनों की संख्या लगभग एक हजार मानी गई है। इन वचनों के कई संस्करण निकले हैं।

बसवण्णा का कार्यक्षेत्र अति विशाल था। वे न केवल एक श्रेष्ठ भक्त थे, बल्कि एक आध्यात्मिक नेता, मतस्थापक, समाज सुधारक भी थे। बसव ने अपने समय में जितनी सामाजिक बुराइयाँ फैली हुई थीं उनका साहस के साथ खंडन किया है। जाति, वर्ण, कुल, वर्गगत कृत्रिम ऊँच-नीच का भेदभाव दूर कर सत्य, प्रेम, नीति के आधार पर एक नूतन समाज की स्थापना करने का प्रयत्न किया। स्त्री समाज के प्रति जो तिरस्कार का भाव था, उसे हटाकर उन्हें पुरुषों के बराबर गौरव का स्थान दिलाया। अन्त्यजों के लिए भी धर्म का द्वार खोल दिया गया। तत्त्वज्ञान की अपेक्षा धर्माचार की महत्ता पर जोर दिया। धर्माचार में नीति, शील और सदाचार पर जोर दिया। धर्माचार में नीति, शील और सदाचार की आवश्यकता बताई। कर्म और ज्ञान के समन्वय के साथ-साथ अनन्य भक्ति-साधना का मार्ग प्रशस्त किया। इस प्रकार बसव ने मानव मात्र की सर्वतोमुखी उन्नति और मुक्ति के लिए निरन्तर

परिश्रम किया। इन्हीं उच्च आदर्शों की सिद्धि के लिए इन्होंने लिंगायत मत का पुनः संगठन किया।

बसवेश्वर का वचन साहित्य

बसवेश्वर और उनके समकालीन अन्य वचनकारों ने कभी अपने आपको कवि कहलाने के लिए नहीं लिखा। काव्य उनके लिए साध्य न होकर साधन मात्र था। बसवेश्वर ने समाज की बुराइयों को दूर करने का प्रयत्न किया। जनसाधारण में अपने विचारों के प्रचारार्थ उन्होंने जनभाषा कन्नड़ की सरल और साधी गद्यशैली अपनाई जो काव्यात्मक थी। यही शैली 'वचन' के नाम से जानी जाती है।

बसवेश्वर महान भक्त थे, भक्ति भंडारी कहलाते थे। परमात्मा को प्रसन्न करने का सबसे उत्तम मार्ग भक्ति है, यही उनका स्पष्ट मत था। आत्म शुद्धि की साधना के लिए वे अन्य सब मार्ग को त्यागकर गुरु, लिंग, जंगम की सेवा को अपनाने की बात करते हैं। उनका एक वचन इसी विचार को ध्वनित करता है, लिखते हैं—'शास्त्र को बड़ा कहूँ, वह तो कर्मकांड की पूजा करता है / वेद को बड़ा कहूँ, वह प्राणी वध का उपदेश करता है—स्मृति को बड़ा कहूँ, वह तो अँधेरे में तुम्हें ढूँढ़ रहा है / वहाँ तुम नहीं हो।' हे कूडलसंगमदेव! तुम त्रिविध दासोह से अर्थात् गुरु लिंग जंगम की सेवा करने से प्रसन्न होते हो।

कूडलसंगमदेव उनका वचनांकित है, जो उनके आराध्य देव थे।

निर्बलों की सहायता करना ही सबलों का कर्तव्य है। उसी से सुखी समाज की स्थापना हो सकती है। सभी धर्मों के मूल में दया की भावना ही प्रमुख है। बसवेश्वर के एक वचन का यही भाव है—

दया के बिना धर्म कहाँ?
सभी प्राणियों के प्रति दया चाहिए
दया ही धर्म का मूल है
दया धर्म के पथ पर जो न चलता
कूडलसंगमदेव को वह नहीं भाता।

बसवेश्वर की वचन रचना का उद्देश्य ही सुखी समाज की स्थापना था। चोरी, असत्य, अप्रामाणिकता, दिखावा, आडम्बर एवं अहंरहित समाज की स्थापना बसव का परम उद्देश्य था, जो निम्न एक वचन से स्पष्ट होता है—

चोरी न करो, हत्या न करो, झूठ मत बोलो
क्रोध न करो, दूसरों से घृणा न करो,

स्वप्रशंसा न करो, सम्मुख ताड़ना न करो,
यही भीतरी शुद्धि है और यही बाहरी शुद्धि है,
यही मात्र हमारे कूडलसंगमदेव को प्रसन्न करने का
सही मार्ग है।

समाज में व्याप्त आडम्बर और दिखावा की उन्होंने जोरों से निन्दा की है। जल देखते ही डुबकियाँ लगाने से, वृक्ष देखते ही प्रदक्षिणा करने से क्या होता है? वृक्ष-जल पर विश्वास करनेवाले भक्त आपको पहचानेंगे भी कैसे? —

जल देखते ही डुबकियाँ लगाते हैं,
वृक्ष देखते ही प्रदक्षिणा करते हैं,
सूखता जल और वृक्ष पर जो विश्वास करता है
वह तुम्हें कैसे पहचानेगा? हे कूडलसंगमदेव!

इस प्रकार समाज सुधार और अपने सिद्धान्तों के प्रचार के लिए वचन साहित्य का योग्य उपयोग बसवेश्वर ने किया है। काव्य की दृष्टि से भी बसवेश्वर के वचनों का सौन्दर्य अनुपम है। उनके वचन साहित्य लालित्ययुक्त हृदयस्पर्शी हैं। उनके वचनों में आध्यात्मिक सहजता के साथ-साथ जीवन की सरलता भी है।

सामान्य जनता का उद्धार बसवेश्वर का प्रमुख उद्‌देश्य होने पर भी उनके हृदय से निकली वाणी अनुभव की सहज अभिव्यक्ति है। वचन की सरलता और सहजता के साथ उसकी सरसता से बसवेश्वर वचनकारों के श्रेष्ठ प्रतिनिधि के रूप में पाठकों के सामने ठहरते हैं।

समकालीनों की दृष्टि में बसवेश्वर

वचन साहित्य को हमने वचन साहित्यान्दोलन ही कहा है। 'सैकड़ों' शिवशरण शिवशरणियाँ काव्य की रचना कर रहे थे, और उद्देश्य स्पष्ट था, सामाजिक हित। सब प्रकार की समानताओं का स्वस्थ समाज उनके वचन साहित्य की साधना और सिद्धि थी। इसके केन्द्र में थे, बसवण्णा। बसवण्णा के साहित्यिक और सामाजिक व्यक्तित्व की विशेषता थी कि वे समकालीन अन्य सभी वचनकारों के प्रिय पुरुष थे, आदर्श व्यक्ति थे। सबकी प्रशंसा के पात्र थे वे। विश्व के किसी भी क्रान्तिकारी व्यक्तित्व की विशेषता होती है उनकी महान विनयशीलता साथ ही साथ तत्त्व के आचरण के लिए महान कठोरता। बसवेश्वर भी इसी तरह सुन्दर समन्वय की दयामूर्ति थे। उन्होंने अपने बारे में कहा है कि 'मुझसे कोई छोटा नहीं और शिवभक्तों से कोई बड़ा नहीं।' महान क्रान्ति के मार्ग पर चलनेवालों के परम्परावादी विरोधी भी अधिक होते हैं। बसवेश्वर के साथ भी ऐसा ही हुआ होगा।

पर समकालीन साथी सभी शरणों ने बसवेश्वर का महान आदर किया है। अपने विकास में इन्होंने बसवेश्वर की प्रेरणा को पहचाना है। गुरु मार्गदर्शक, साथी, आदर्श प्रेरक शक्ति के रूप में अन्य शिवशरण-शिवशरणियों ने बसवेश्वर के व्यक्तित्व में चार चाँद लगाया है।

ऐसा बहुत कम होता है कि एक लेखक या कवि ने समकालीन सह लेखक की प्रशंसा की है पर शिवशरणों ने एक-दूसरे का आदर किया है, जो सामाजिक जीवन का एक सुन्दर तत्त्व है।

इस सहस्रमान की महान प्रतिभा हमने अल्लम प्रभु को माना है। शिवशरणों में वे महाज्ञानी माने जाते थे। अल्लम प्रभु बसवेश्वर का गुणगान करते हुए थकते नहीं हैं। बसवण्णा जी में हर कहीं गुरुत्व और शिवत्व (कल्याणगुण) को अल्लम प्रभु देखते हैं। इनका एक वचन इसे भलीभाँति अभिव्यक्त करता है—

जो शिव को गुरु समझता है वही है गुरु
जो शिव को लिंग समझता है वही है गुरु
जो शिव को जंगम समझता है वही है गुरु
जो शिव को प्रसाद समझता है वही है गुरु
जो शिव को आचार समझता है वही है गुरु

यों इन पंचविधों को ही जिन्होंने पंचब्रह्म समझा वे महामहिम संगन-बसवण्णा—

मेरे लिए भी गुरु हैं, आपके लिए भी गुरु हैं।
सारे जग के लिए भी गुरु हैं, हे गुहेश्वर!

—अल्लम प्रभु

अक्कमहादेवी वचन साहित्य कालीन अत्यन्त प्रमुख और शीर्षस्थ शिवशरणी थी। वह आध्यात्मिक और काव्य प्रेम की वजह से पति को त्यागकर आई थी। पति राजा भी था। सबकी आदरणीया युवा कवयित्री थी वह। वह बसवेश्वर के प्रति महान आदर और प्रेम, साथ ही साथ सबके लिए प्रेरणा की अजस्र धारा मानती थी। अक्कमहादेवी का एक वचन इस प्रकार है :

आदि अनादि से परे है बसवण्णा;
त्रिदेवों का मूल स्थान है बसवण्णा;
नादबिन्दुकालातीतआदिनिरंजन है बसवण्णा;
वह नादस्वरूप ही है बसवण्णा इसलिए
उस बसवण्णा के श्रीचरणों को नमो नमो
कह रही हूँ, देखिए जी चन्नमल्लिकार्जुन जी।

—अक्कमहादेवी

इस वचन में आकाशकाय बसवेश्वर के व्यक्तित्व को हमारे सामने रख रही हैं अक्कमहादेवी।

आय्दक्की मारय्य और उसकी पत्नी आय्दक्की लक्कम्मा श्रेष्ठ शरणजीवी थे। कायक तत्त्व के प्रामाणिक अनुयायी थे। आय्दक्की मारय्य बसवण्णा को सदाशिव और अपने मन मन्दिर की स्वयं ज्योति कह रहे हैं। और यह व्यक्त कर रहे हैं कि ऐसे अनेक कायकजीवियों (श्रमजीवी) के लिए प्रगति प्रकाश थे बसवण्णा। यही वचनान्दोलन की विशेषता थी। देखिए, आय्दक्की मारय्य का यह वचन :

अहंकार रहित सदा-शिव तुम हो;
मेरे करस्थल का प्रकाश तुम हो;
मेरे मनोमध्य की स्वयं ज्योति तुम हो;
अमलेश्वर लिंग का प्रकाश तुम हो;
हे संगनबसवण्णा!

—आय्दक्की मारय्य

और एक शरण शंकर दसिमय्य लिखते हैं कि शिवाचार अर्थात् लोककल्याण का आचरण और सदाचार सच्चरित्र जैसे मूल्यों का महत्त्व और विशालता बसवण्णा की वजह से विकसित हुए हैं :

शिवाचार सदाचार जैसे मूल्य
जनप्रिय हुए हैं बसवण्णा से;

—शंकर दासिमय्य

कायकजीवी सिद्धारामेश्वर ने बसवण्णा को गुरु और जंगम के रूप में, परतत्त्व को परम तत्त्व के रूप में देखा है—

गुरुरूप बसवण्णा, चररूप बसवण्णा;
परतत्त्व को पर तत्त्व है बसवलिंग;
गुरु लिंग जंगम को पादोदक प्रसाद
तत्त्वयुक्त है चन्नबसव हे योगीनाथ!

—सिद्धराम

कहा जाता है मोळिगे मारय्य काश्मीर के राजा थे। शरण तत्त्व से प्रभावित होकर इन शरणों के सत्संग में आए थे। अनुभव मंटप के सदस्य बनने और उसकी चर्चाओं में भाग लेने के लिए यह अनिवार्य नियम था कि वह सदस्य कोई न कोई कायक (काम) करें। मोळिगे मारय्य लकड़ी बेचने का कायक करता था और अनुभव मंटप का एक अर्थपूर्ण सदस्य था। प्राय: सभी शरणों के नामों के प्रारम्भ में उनके कायकसूचक शब्द होते थे, जैसे मोळिगे (लकड़ी) मारय्य, हडपद (हज्जाम) अप्पण्ण, मडिवाळ (धोबी) माचय्य, नुलिय (रस्सी बनानेवाला) चन्दय्य आदि। मोळिगे मारय्या ने बसवेश्वर के प्रति कहा है कि हे निष्कलंक मल्लिकार्जुन! संगन बसवण्णा के रूप में लोक हितार्थ इस लोक में आए हो और तुम षट्स्थल मूर्ति हो, मेरी भावाग्नि को शान्त करो :

निष्कलंक मल्लिकार्जुन, संगनबसव के रूप में
षट्स्थल मूर्ति होकर मर्त्यलोक में आए हो
लोकहित के लिए, मेरी भावाग्नि को
मिटा दो, हे संगनबसवण्णा!

—मोळिगे मारय्य

शरण मडिवाळ माचय्या ने कहा है कि बसव ही मेरे विकास का कारण है, वही मेरे लिए गति-मति है और वही मेरे लिए आचार-विचार है।

बसव ही विशाल है मेरे लिए,
बसव ही आचार-विचार है मेरे लिए

बसव ही गति-मति है मेरे लिए;
बसव ही लोक-परलोक है मेरे लिए,
बसव के बिना मैं कुछ नहीं जानता,
देखिए, हे कलिदेवर देव!

—मडिवाळ माचय्य

इस तरह लगभग सभी समकालीन वचनकारों ने भी भावभीनी सहृदयता से बसवेश्वर के व्यक्तित्व की सराहना की है। बसवेश्वर समकालीन सब शरण एवं समाज के लिए समानता की प्रेरणा ज्योति थे।

आश्चर्य होता है इस साहित्यान्दोलन को पढ़कर। हमारे सामने उदाहरण है कि लगभग हर एक कवि, लेखक अपनी श्रेष्ठता के सामने दूसरों के महत्त्व को स्वीकार नहीं करते, विशेषत: समकालीन सभी लेखकों के प्रति। जब कवि-लेखक राजाश्रय में रहकर लिखते थे, तो क्या उन्होंने दूसरे कवि को और उनके काव्य को सहृदयता से स्वीकार किया होगा? मुझे तो उत्तर में निराशा ही होती है। रीति काल, आदिकाल को देखिए, अलग-अलग होकर लिखनेवाले समकालीन भक्ति काल के कवियों को देखिए।

दूर मत जाइए, आज के हमारे साहित्य और साहित्यकारों को देखेंगे, अपने अन्दर झाँककर अपने आपको देखेंगे। मौन भी एक विचित्र भाषा है। लेखक अपने समकालीन लेखकों पर बहुत कम बोलकर या मौन रहकर उसका नाश करते हैं।

अन्त में बसवेश्वर के प्रति एक लोकगीतकार के गीत की एकाध पंक्तियाँ पढ़ते हैं। यों तो कन्नड़ लोकगीतों में बसवण्णा के प्रति बहुत कुछ लिखा और गाया जाता है—

सब कुछ जानते हैं कल्याण बसवण्ण
लाकर फैला दिए शिव-प्रकाश
इस देश में ऊँची आवाज में गाते
हैं लोग उनके गीत,

—लोकगीत

बसवण्णा ने शुद्ध-सिद्ध-समृद्ध
समाज का निर्माण किया था;
इस धरती पर लिंगायत का उद्धार किया था।

—लोकगीत

बसवेश्वर आज

आज का काल सन्दर्भ या कोई विचार सन्दर्भ कल के काल या विचार से मुक्त नहीं है। आज के समाज में असमानता है तो कल के इतिहास में इसके कारण निहित होना ही है। इस दृष्टि से बारहवीं सदी के कन्नड़ वचन साहित्य और उसके केन्द्र में उपस्थित बसवेश्वर का अध्ययन एक अनुपम अनुभव देता है। एक साहित्यिक आन्दोलन कन्नड़ वचन साहित्य में सामाजिक, सांस्कृतिक और धार्मिक प्रश्नों को इतनी गम्भीरता से अपनी अभिव्यक्ति के लिए माध्यम बनाता है, यह सोचना रोचक लगता है।

मनुवादी जड़ संस्कृति को समूल नाश कर वचन साहित्य की जनवादी चैतन्य संस्कृति की स्थापना इस वचन साहित्य का उद्देश्य था। व्यष्टि और समष्टि का समन्वय एवं व्यष्टि-समष्टि दोनों के अन्तरंग-बहिरंग शुद्धि का प्रयास वचन साहित्य ने किया है, श्रम संस्कृति का आदर, लिंग समानता, जाति विनाश और अस्पृश्यता का अनादर, समूह शक्ति का सदुपयोग और विकास चर्चा-परिचर्चाओं की संस्कृति आदि कई कारणों से यह साहित्य विश्व को भारत की बहुत बड़ी सांस्कृतिक देन हो सकती है। वचन साहित्य के इस काल सन्दर्भ में समाज के अन्तिम नागरिक ने भी साहित्य और संस्कृति के विकास में अपनी भागीदारी के उत्तरदायित्व को निभाया है। इस वचन साहित्य-सांस्कृतिक आन्दोलन के केन्द्र में विश्व-विभूति बसवण्णा थे। बारहवीं सदी में आध्यात्मिक चेतना के साथ सामाजिक आन्दोलन करनेवाले बसवेश्वर आज भी करोड़ों लोगों के मन और मस्तिष्कों को प्रकाश देनेवाले चैतन्य रहे हैं।

कन्नड़ भाषा में इस साहित्य की अभिव्यक्ति थी, इसलिए समग्र भारतीय पाठकों तक वचन साहित्यान्दोलन और बसवण्णा नहीं पहुँच पाए। अब हिन्दी में इस विषय पर ग्रन्थ लिखने का उद्देश्य यही तो रहा है। एक विद्वान ने यह भाव प्रकट भी किया है, कहा है कि श्री बसवेश्वर विशाल विद्वत्ता और मानवता के शीर्षस्थ साधक थे। एकमात्र कन्नड़ भाषा को सीमित रखने की अपेक्षा उनके वचनों को अधिकाधिक भाषाओं में अनुवाद कर उनके व्यक्ति परिचय सहित प्रकाशित करें। इसलिए हिन्दी पाठकों के सामने बसव के चिन्तनों का चिन्तन और उनके व्यक्तित्व का परिचय भी यहाँ मेरा उद्देश्य है।

एक बार महात्मा गांधीजी कांग्रेस के वार्षिकाधिवेशन में भाग लेने के लिए कर्नाटक के शहर बेलगाँव आए थे। कर्नाटक के उनके अनुयायियों ने उनसे पूछा था कि 'हमारे लिए आपका क्या सन्देश है?' उन्होंने कहा था कि बसवेश्वर जैसे महान संत आठ सौ वर्ष पहले ही कर्नाटक में हुए हैं। बसवेश्वर का सन्देश तो विश्व के लिए मार्गदर्शन है। मैं भला क्या कहूँ? उनका कहना था, "लगभग आठ सौ वर्ष पूर्व महात्मा बसवेश्वर ने कर्नाटक में सत्य, अहिंसा, समता और श्रम गौरव विषयक तत्त्वों का प्रचार-प्रसार किया था। उनके वे तत्त्व भारतीय संस्कृति के सार हैं। बसवेश्वर द्वारा आरम्भ किए गए मानवतावादी कार्य अब मुझे पूर्ण करना है।" अर्थात् जो कोई आलोचक और अध्ययनशील व्यक्ति बसवेश्वर के व्यक्तित्व और कृतित्व के सम्पर्क में आता है वह प्रभावित तो होता ही है और अपनी वैचारिकता का विस्तार करता है।

आधुनिक प्रमुख समाजवादी विचारवान जयप्रकाश नारायण ने बसवेश्वर को महान क्रान्तिकारी कहते हुए वर्ग और वर्ण भेद, अस्पृश्याचरण एवं जातिवाद के विरुद्ध आवाज उठानेवाले आद्य समाजवादी कहा है। उन्होंने लिखा है, "वर्णभेद, वर्गभेद, अस्पृश्याचरण के विरुद्ध लड़नेवाले बसवेश्वर आद्य समाजवादी थे। कर्मकांडी, सनातनी, उच्च वर्ग के स्वार्थी दबाव पर पहला प्रहार करनेवाले बसवेश्वर सामाजिक क्रान्ति के दार्शनिक थे।"

आज के आधुनिक समाज में महत्त्वपूर्ण लगनेवाली समाजवादी समाज रचना, स्त्री-पुरुष समानता, संकुचित साम्प्रदायिकता का त्याग और विश्व बन्धुत्व जैसे श्रेष्ठ जीवन मूल्यों का समर्थन बसवेश्वर के वचन साहित्य में निहित है।

हिन्दी के सुप्रसिद्ध लेखक वृन्दावनलाल वर्मा ने, बसवेश्वर के साहित्य और विचारों से किसी भी भारतीय का सिर ऊँचा होने की बात कही है। उन्होंने लिखा है, "आज से लगभग आठ सौ वर्ष पहले जात-पाँत और छुआछूत पर जो प्रबल प्रहार कर्नाटक में हुआ था और 'कायक' परिश्रम के पवित्र महत्त्व पर जो आध्यात्मिक जोर डाला गया था उसे जानकर किस भारतीय का सिर ऊँचा नहीं होगा? आध्यात्मिक साधना के साथ सामाजिक चिन्तन का समन्वय करना वचनान्दोलन की और बसवेश्वर के व्यक्तित्व की विशेष विशेषता रही है।"

डॉ. पि. बि. देसाई एक प्रसिद्ध और वस्तुनिष्ठ इतिहासकार थे। उनका ग्रन्थ 'Basaveshwar and his times' बहुत पढ़ा गया है और चर्चित है। आपने बसवेश्वर के बारे में लिखा है, "बसवेश्वर अत्यन्त गतिशील व्यक्ति थे। असमानता और विलक्षण विसंगतियों से परिपूर्ण पारम्परिक धर्म और सामाजिक व्यवस्था के विरुद्ध उन्होंने विद्रोह किया। कर्नाटक के धार्मिक और सांस्कृतिक इतिहास में उनकी भूमिका अत्यन्त महत्त्वपूर्ण है। उनके विचार, उपदेश, आदर्श और कार्यों का वर्तमान पीढ़ी पर दूरगामी प्रभाव पड़ा है।"

डॉ. के. ईश्वरन् केनडा स्थित सुप्रसिद्ध समाजशास्त्री थे। वहाँ विश्वविद्यालयों में समाजशास्त्र के अध्यापन कार्य करते थे। उन्होंने वचन साहित्य और बसवेश्वर का गहरा अध्ययन किया है। उन्होंने अपने ग्रन्थों में बसवेश्वर के बारे में लिखा है, "भारतीय समाज को सर्वप्रथम जनतांत्रिक संस्कृति का ठोस आधार देनेवाले बसवेश्वर ही थे।"

यहाँ वहाँ बसवेश्वर के चिन्तनों की चर्चाएँ हुई हैं पर भारतीय साहित्य की प्रमुख धारा के रूप में उनको और वचन साहित्य आन्दोलन को पढ़ा जाना जरूरी है। ऐसा इसलिए लगना चाहिए कि बसव केन्द्रित वचन साहित्य के केन्द्र में समानताओं के सम-समाज की स्थापना का सपना देखा जाता रहा है।

डॉ. महावीर सरन जैन जी को तो लगा है कि कार्ल मार्क्स और बसवेश्वर के विचारों की आधार भूमिका एक है। वे लिखते हैं, "महात्मा बसवेश्वर ने जीवनानुभव के आधार पर गतानुगतिक संकीर्णताओं का विरोध कर मानव धर्म की स्थापना की है। उन्होंने बाह्याचारों का निषेध, जातिप्रथा का विरोध एवं अहिंसा, सदाचार आदि सात्त्विक जीवन मूल्यों की स्थापना तो की ही, साथ ही 'श्रम' के महत्त्व को प्रतिपादित किया, जिससे ऐसा लगता है कि उनके विचार कार्ल मार्क्स के 'कैपिटल' की आधार-भूमिका है।"

यह भी बसवेश्वर के अध्ययन की यात्रा में पढ़ने को मिला कि सन् 1918 में ही 'टाइम्स ऑफ इंडिया' के अग्रलेख में लिखा था, "बसवेश्वर के आन्दोलन की यह विशेषता है कि उनसे पहले भी सामाजिक सुधार के लिए अनेकों ने प्रयत्न किए, किन्तु बसवेश्वर ने उस समय अति साहस कर स्त्री-मुक्ति और समाज सुधार के लिए प्रचंड कार्य किए। बाल-विवाह, विधवा की दासता, स्त्रियों की उन्नति आदि के बारे में बसवेश्वर ने विधायक और तेजस्वी प्रयत्न किए। आज भी प्रतिवर्ष इन विषयों पर प्रतिसंवाद होते हैं पर बसवेश्वर की तुलना में नगण्य हैं।" इससे स्पष्ट है कि बसवेश्वर के साहित्य का अध्ययन हिन्दी साहित्य लोक के विस्तार में अत्यन्त सहायक सिद्ध होगा। बसवेश्वर की साधनाओं के प्रति इन विचारों की ओर भी देखें—

If you his (Basava's) followers practice his precepts, you would uplift not just Bharat, but the World.

Mahatma Gandhi in the year 1924, in Belgaum,

It's amazing and extraordinary that Basaveshwara professed campaigned and advocated genuine democracy, human rights, gender equality way back in the 12th century even before anyone in United Kingdom had even thought about it.

Rt. Hon John Bercow

Speaker of the British Parliament, made this statement on 21.01.2013

If Lingayatism was an island thrown up within the "boundless sea of Hinduism," it would appear that the waters of the ocean are doing their utmost to undermine its solid foundations.

Edgar Thurston (1855-1935)
Castes and tribes of India, (1909), Volume 4, page 260

Whatever legend may say of Basava, the fact is pretty clear that he was the first Indian free thinker. He might be called the Luther of India. The acknowledged leadership of the priests was in full swing when Basava came upon the scene, and there was a movement on foot to replace caste and priestly authority with intelligence and free thinking. Basava, a Shivaite Brahman, was in the camp of the liberals. He mounted the rostrum for the abolition of caste and ceremonies, and preached that all men were by birth equal, that one sex was as important as another, that child marriage was wrong, and that widows should be permitted to remarry. He promised the Lingayats freedom of individual action. All wearers of the divine lingam were to occupy a common level; they were to eat together and to intermarry. For a while the simplicity of his teaching appealed to the people, but soon, as they increased in wealth and numbers, they wanted their old distinctions back, as these increased their importance. Ceremonies and elaborate rituals crept into their worship, and thus as new converts entered, they were placed on a lower strata, while the priests got back their old power and again became the priviliged caste.

Arthur Miles, The Land of the Lingam (1933)
(Courtesy : Lingavant Dharm Satyadarshan—Ramjan Darga)

इस काल सन्दर्भ में स्त्री मुक्ति और स्त्री अस्मिता की स्थापना की दृष्टि से जो कार्य हुए हैं, जिसमें बसवेश्वर की जो भागीदारी थी वह प्रशंसनीय है। देवदासी-मुक्ति संगठन के प्रणेता श्री विठल बन्ने, जो पतित महिलाओं के विकास कार्य में कार्यरत हैं, लिखते हैं, "स्त्री-मुक्ति और जनतांत्रिक तत्त्वों का व्यावहारिक समर्थन करनेवाले बसवेश्वर एक अग्रणी व्यक्ति थे। धार्मिक क्षेत्र में रहते हुए भी उन्होंने स्त्री-मुक्ति आन्दोलन चलाया, यह एक विशेष बात है।"

तात्पर्य यह है कि बसवेश्वर भारतीय साहित्यिक सांस्कृतिक और मुख्य रूप से सामाजिक परिवर्तन के महामहिम थे। एक साथ उन्होंने वचन साहित्य के माध्यम से जीवन के हर आयाम देखने-परखने और परिवर्तन करने का प्रयास किया है।

सैकड़ों श्रमिक वर्ग के सामाजिक चिन्तक एक स्थान में समकालीन होकर चिन्तन करते हैं, लिखते हैं, जो लिखते हैं उसको बार-बार चर्चा की प्रक्रिया में लगाते हैं, जो विश्व में अनन्य है। ऐसे एक काल सन्दर्भ के साहित्य और सांस्कृतिक मनीषी का अध्ययन करना एक रोचक अनुभव देता है, ऐसा मुझे लगता है।

बसवेश्वर के वचन

बसवण्णा

वीर हो तो धनुष बाण क्यों चाहिए?
आत्मबलिदानी सैनिक हो फिर प्राणों की है चिन्ता क्यों?
भक्त हो तो तन-मन-धन की चाहना क्यों?
आपके नियंत्रण और डराने से हो जाऊँ शंकित तो
मेरे सेवाभाव की ही होगी हानि,
हे कूडलसंगमदेव! ॥ 1 ॥

वीर सैनिक भाग जाता है तो मालिक का अपमान है,
इसलिए युद्ध लड़कर के विजयी बनाओ मुझे
लड़कर के युद्ध विजयी कराओ हे कूडलसंगमदेव,
ऐसा करो कि मैं तन मन धन से, बिना कपट के भाव
करूँ साधना ॥ 2 ॥

बिन लिंग तन के प्राप्त सुख को
किसे करोगे अर्पण?
नहीं चाहिए अर्पित करना क्योंकि वह योग्य नहीं भक्तिपथ के
नहीं चाहिए अर्पित करना क्योंकि वह शरणपथ के योग्य नहीं
कूडलसंगमदेव बिना
थूक निगली हुई बन जाएगी विष ॥ 3 ॥

अंग पर लिंगधारण करने पर
स्थावर लिंग की पूजा नहीं करनी चाहिए
अपने पति को छोड़कर परपुरुष का संग
करना क्या सही है?

करतल में लिंग के होने पर
पृथ्वी में स्थापित लिंग को पूजें तो
कूडलसंगमदेव नरक में भेजेगा अवश्य॥ 4 ॥

हथेली पर लिंग का दर्शन करते हुए
नयनों में आनन्द वाष्प की धारा कब होगी?
लिंगदृष्टि का प्राण होना कब सम्भव है?
लिंगमिलन का प्राण होना कब सम्भव है?
मेरे अंग विकार का साथ छूटकर
हे कूडलसंगय्या, मैं लिंग-लिंग, कहता रहूँ कब तक? ॥ 5 ॥

भयभीत होगा तो नहीं चलेगा
विचलित होगा तो नहीं चलेगा
हीरे के पिंजरे में रहूँ तो नहीं चलेगा
विधिलिखित नहीं टाला जा सकता!
सहानुभूति से हो, तो नहीं चलेगा
धीरज खोकर मन शक्तिहीन हो, तो भी
जो होना है वह नहीं टलेगा।
हे कूडलसंगमदेव! ॥ 6 ॥

पालकी में बैठे कुत्ते की भाँति
छूटे न छूटती पुरानी लत।
धिक् धिक्! विषय-वासना में
पड़ता है मन
करने न देता अनुदिन तेरा ध्यान
हे मेरे प्रभु, कूडलसंगमदेव!
यह प्रार्थना है मेरी
कृपा करो कि मैं तेरे चरणों का ध्यान कर सकूँ॥ 7 ॥

आज कल कहकर मत टालो
आज का ही पावन दिन है—'शिवशरण' कहनेवाले को,
आज का ही पावन दिन है—'हर शरण' कहनेवाले को,
आज का ही पावन दिन है अपने कूडलसंगमदेव को
निरन्तर स्मरण करनेवाले को॥ 8 ॥

जंगल में कोई बड़ा प्यासा
बगल में पानी देखता हो - ऐसा हुआ,
अन्धा दृष्टि पाता हो और
निर्धन निगूढ़ धन पाता हो - ऐसा हुआ,
अपने कूडलसंगय्या के शरणों का
आगमन प्राण समान है जी मेरे लिए॥ 9 ॥

जंगल में भटके पशु की तरह
'अम्बा, अम्बा'! कर पुकार रहा हूँ,
'अम्बा, अम्बा'! कर चीख रहा हूँ,
कूडलसंगमदेव के जीओ जीओ कहने तक॥ 10 ॥

भाई हो, भैया हो, पिता हो या अपने गोत्र के हो तो क्या हुआ?
जो लिंगधारी नहीं हैं वे मेरे नहीं हैं,
भाई बन्धुओं से भक्ति नरक समान है,
हे कूडलसंगमदेव! ॥ 11 ॥

लुंजा मुझे बना दे, प्रभु
ताकि कहीं भटक न जाऊँ।
अन्धा मुझे बना दे, प्रभु
ताकि मैं यहाँ-वहाँ देख न पाऊँ।
बहरा मुझे बना दे प्रभु
ताकि अन्य को न सुन सकूँ।
ऐसा करो, हे कूडलसंगमदेव!
कि तेरे शरणों के चरण बिन
किसी अन्य विषय पर न ललचाऊँ॥ 12 ॥

अनंतकाल जंगलों में जाकर तप करने से,
एक दिन की लिंगपूजा क्या पर्याप्त नहीं?
अनंतकाल लिंगपूजा करने से
एक दिन की गुरुचरण सेवा क्या पर्याप्त नहीं?
अनंतकाल गुरुचरण सेवा करने से
एक दिन की जंगम-संतृप्ति क्या पर्याप्त नहीं?
अनंतकाल जंगम की संतृप्ति करने से

एक क्षण, हे कूडलसंगमदेव!
आपका शरणानुभाव क्या पर्याप्त नहीं? ॥ 13 ॥

पिता मेरे मोची चन्नय्या,
ताऊ मेरे चमार कक्कय्या,
देखिए पितामह मेरे चिक्कय्या,
भाई मेरे किन्नर बोम्मय्या,
आप मुझे कैसे नहीं जानते,
हे कूडलसंगमदेव! ॥ 14 ॥

हे जी, अपनी माँ को
ढूँढ़ते हुए दुखी बछड़े-सा
मैं आपको खोजते हुए दुखी हूँ।
हे जी, मेरे मन की प्रसन्नता हित कृपा कीजिए,
हे जी, मेरे मन में बस जाने की
कृपा कीजिए, कृपा कीजिए।
आप इस प्रकार मुझे योग्य बनाइए,
हे माँ, हे माँ, कूडलसंगमदेव! ॥ 15 ॥

लाक्षा की मूर्ति को अग्नि की लपेट में
डालकर बातें करने का विनोद न करो
मक्खन के गणेश का अंगारे का लड्डू बनाकर
खुशी खुशी खिलाने जाओगे तो उसके दांत उखड़ जाएँगे
कूडलसंगमदेव के शरणों के साथ
विनोद करने से वह विरस में बदल जाएगा ॥ 16 ॥

लाक्षा से बनकर पिघलानेवाला कैसे देव भला?
अग्नि को देख जल जानेवाला कैसे देव भला?
आवश्यकता पर बेचा जानेवाला कैसे देव भला?
लोग भयभीत हो तो गाड़ा जानेवाला कैसे देव भला?
सहज भाव के निजैक्य कूडलसंगमदेव
बस वही हैं देव ॥ 17 ॥

राजा को देख कर अपने पति को भूल जाना
वृक्ष पर चढ़कर हाथ छोड़ने जैसा हुआ

वह इहलोक से दूर और वह परलोक से भी वंचित है
हमारे कूडलसंगमदेव जंगममुखिलिंग
होने के कारण जंगम को नहीं भूलना चाहिए॥ 18 ॥

राजा के घर में रानी बनकर रहने से
भक्त के घर में दासी बनकर रहना बेहतर है,
'लाओ पूजा-जल, दे दो बिल्वपत्र,
लिंग को नैवेद्य करो, भोग चढ़ाओ' कहते हैं,
'कूडलसंगय्या के महान गृह में भी
दिया हुआ खाओ दासी' वे कहते हैं॥ 19 ॥

राजा रूठ जाएँ तो
राज्य में नहीं रहा जा सकता
पति रूठ जाएँ तो
घर में नहीं रहा जा सकता
हे कूडलसंगमदेव!,
जंगम रूठ जाता है तो
मैं कैसे जीवित रह सकता हूँ? ॥ 20 ॥

निर्धनता रूपी राहु ने विवेकी का विवेक नाश किया,
मोह रूपी राहु ने धनवान के धन का नाश किया,
काम रूपी अन्धकार ने दार्शनिक का चिन्तन नाश किया,
मैं अपने मन के भय से
आया हूँ शरण में हे कूडलसंगमदेव! ॥ 21 ॥

लगा कर हल्दी , धारणकर वस्त्राभूषण
पुरुष प्रेम से वंचित नारी-सी स्थिति मेरी,
लगा कर भस्म, पहनकर रूद्राक्षी
हे शिव! आपकी कृपा से वंचित-सी मैं हूँ।
हमारे कुल में नीतिभष्ट होकर कोई जीता नहीं
जैसा चाहो वैसे जीवित रखो मुझे
हे कूडलसंगमदेव! ॥ 22 ॥

अपूर्ण भक्तों का नहीं चाहिए साथ
पडोस में उनके नहीं चाहिए रहना,

मार्ग में उनका नहीं चाहिए साथ
नहीं चाहिए करनी बात तक उनसे
अच्छा है कूडलसंगय्या के शरणों में रहना
शुद्ध लिंगैक्य का बनकर दास॥ 23 ॥

धन के विषय में शरण चूक जाए तो क्या?
प्राण के विषय में शरण चूक जाए तो क्या?
स्वाभिमान के विषय में शरण चूक जाए तो क्या?
शरणों को शरणों में अवगुण देखना नहीं चाहिए।
कूडल संग के शरणों को दुःख मिले
तो भी सहना चाहिए॥ 24 ॥

अर्थ रेखा हो तो क्या लाभ
यदि न हो तो आयु रेखा
कायर के हाथों में चन्द्रायुध का क्या लाभ?
अन्धे के हाथों दर्पण का क्या लाभ?
बन्दर के हाथ में माणिक का क्या लाभ?
हमारे कूडलसंगम के शरणों को नहीं
समझनेवालों के हाथों में लिंग के रहते क्या लाभ
शिवपथ के नहीं जानते तक॥ 25 ॥

धनवान सब राजा से भयभीत होते हैं,
भक्त जन सब जंगम से भयभीत होते हैं,
वेश्यागामी सब वेश्या की जूठन खाते हैं,
मांस चाहनेवाले सब कुत्ते की जूठन खाते हैं,
कूडलसंग के शरणों को देकर बचा हुआ
लिंग को अर्पित कर स्वीकार करनेवाले
योग्य जन को अपना चेन्नबसवण्णा जानता है॥ 26 ॥

उसकी वाणी गुड़ की तरह
मगर हृदय विष भरा!
आँखों से एक को बुलाती है, तो
मन में किसी और का स्मरण करती है,

हे कूडलसंगमदेव! सुनो जी!
चित्त-चोरनी का भरोसा न करो जी॥ 27 ॥

असुर के ऐश्वर्य की, की जाए गणना तो
सीता के बराबर आठ करोड़ सतियाँ हैं,
बुद्धिमान सिरवाले आठ करोड़ हैं,
असंख्य सेना, लाखों राजकुमार हैं,
दिक्पालक उसके घर में बन्दी बने हैं
सुरपतियों को बन्दी बनाकर
उन पर शासन किया
हे शिव! आपने जैसी कृपा की वैसा न रहने पर
परवधूगमन करने से उसके प्राण चले गए।
इसे ध्यान में रखकर, परवधूगमनियों को देखकर
गरुड़ को देख जिस प्रकार धरती में छिप गया है साँप
उसी प्रकार
मैं छिप जाता हूँ कूडलसंगमदेव! ॥ 28 ॥

अहं यदि मन को घेर लेता है
तो लिंग के लिए स्थान कहाँ?
लिंग-शरीर को अहंकार रहित होना चाहिए
अहंकार रहित हो तो
कूडलसंगमदेव पास ही हैं॥ 29 ॥

माप गिन गिन कर मापनेवाले थक जाते हैं।
क्या माप थक जाता है?
चल चल कर पथिक थक जाते हैं
क्या पथ थक जाता है?
व्यायाम कर व्यक्ति थक जाता है
क्या लाठी थक जाती है?
निजज्ञान रहित भक्त थक जाता है
क्या लिंग थक जाता है?
हे कूडलसंगमदेव! ज्ञान बिन बाह्य-भक्ति व्यर्थ है॥ 30 ॥

हाथी की आकृति की तुलना सूकर से करने पर
क्या सूकर हाथी बन सकता है?
भूनाग की आकृति की तुलना आदिशेषनाग से करने पर
क्या भूनाग आदिशेषनाग बन सकता है?
मैं भक्त हूँ तो क्या हुआ?
क्या मेरी तुलना कूडलसंगमदेव
के सद्भक्तों के साथ की जा सकती है? ॥ 31 ॥

गायों को चोर ले गए—ऐसा न कहो जी!
उसके लिए शोर शराबा न करो जी!
उसके लिए मत चिल्लाओ जी!
वहाँ खानेवाला भी संगय्या ही है।
यहाँ खानेवाला भी संगय्या ही है।
कूडलसंगमदेव एकोभाव हैं॥ 32 ॥

कुछ देवता तो सामान्य लोगों के
द्वार पर सदा रहते हैं
हट जाने के लिए कहो—जाते नहीं,
कुछ देवता तो कुत्तों से भी गए-बीते होते हैं,
कुछ देवता लोगों से माँग कर खाते हैं,
हे कूडलसंगमदेव! ऐसे देवता
क्या दे पाते हैं? ॥ 33 ॥

वचन देकर पीछे मत हटो,
देकर दान चिन्ता मत करो।
हे मन, स्नेह से मिलकर फिर मत चूको, माँगनेवालों को
न मत कहो रे! व्यर्थ बात मत करो।
आँचल पसार कर माँगो कूडलसंगम के शरणों से॥ 34 ॥

नाचने से क्या हुआ, गाने से क्या हुआ,
पढ़ने से क्या हुआ
जब तक त्रिविध-दासोह नहीं करोगे?
मोर नाचेगा नहीं क्या? तंत्री नाद नहीं करेगा क्या?
तोता पढ़ेगा नहीं क्या?

भक्तिहीनों को कूडलसंगमदेव
न स्वीकारेंगे कभी॥ 35 ॥

नाचते-कूदते, गाते-बजाते लिंग की भक्ति की जा सकती है,
वह लिंग न माँगता है न पूछता है,
चाहे तो उसे लाकर दे सकते हैं।
माँगनेवाले, सतानेवाले, जंगम यदि आते हैं।
तो कभी देना नहीं चाहिए, हे कूडलसंगमदेव! ॥ 36 ॥

नाचना भी है, गान भी है,
अर्चन करना भी है, पूजा करनी भी है,
नित्य लिंगार्चन तो पहले से है
कूडलसंगय्या के शरण आएँगे तो
उनके सामने भक्ति से निभाना, जो आपकी आज्ञा कहना
वह तो एक बार भी मिला हुआ नहीं है॥ 37 ॥

आत्मस्तुति—परनिन्दा
न सुनाओ जी, मैं भक्त हूँ,
खुद को श्रेष्ठ समझकर
तृप्त होता हूँ तो आपका द्रोही हूँ।
हे कूडलसंगमदेव! आपके शरणों की
भलाई में ही भलाई है मेरी॥ 38 ॥

आद्यशरणों के वचन पारस हैं रे भाई!
यह सदाशिव नामक लिंग है, उस पर विश्वास करो रे!
विश्वास करते ही तुम विजयी हो भाई!
होंठ को कड़वे, पेट को मीठे,
कूडलसंगम के शरणों के वचन
नीम के स्वाद की तरह है भाई! ॥ 39 ॥

आद्यशरणों का वचन पारस मानता हूँ मैं।
वह पारस मुझे कैसे प्राप्त होगा?
तन-मन-धन के बारे में विस्तार से कहूँगा।
परन्तु आचरण कर न पाता।

अछूतों के मृदंग की तरह
बजानेवाला ढोंगी हूँ मैं।
हे कूडलसंगमदेव! ॥ 40 ॥

हाथी क्या अंकुश से डरता है?
वह तो उसे शेर का नख समझकर डरता है,
क्या मैं इस बिज्जळ से डरता हूँ?
हे कूडलसंगमदेव! तुम तो
सर्वजीवदयाकर हो, इसलिए तुमसे डरता हूँ॥ 41 ॥

हाथी, राज्य भंडार, अस्तबल का घोड़ा
माँगनेवालों के न होने से
मैं गरीब हो गया हूँ,
माँगना क्या है, हे देव!
पहले तुमने सिन्धु राजा की वधू माँगी थी,
अब माँगने पर क्या हथकड़ी नहीं डालेगा?
माँगनेवाले शरणों को यदि
दे न सका तो दंड में अपना सिर
दे दूँगा, हे कूडलसंगमदेव! ॥ 42 ॥

हाथी पर चढ़ कर चले गए न,
घोड़े पर चढ़ कर चले गए न,
कुंकुम कस्तूरी-लेपन कर चले गए न,
सत्य का स्वरूप जाने बिना गए न।
सद्गुण रूपी बीज न बोये, न फल काटे, चले गए न!
अहंकार रूपी उन्मत्त हाथी पर चढ़ कर
स्वयं विधि के शिकार हो गए न
हमारे कूडलसंगमदेव को बिना जाने
नरक के भाजन हो गए न! ॥ 43 ॥

उस मार्ग से हाथी भी चला गया कहें तो
क्या कह सकते हैं कि बकरा भी चला गया?
क्या मैं अपने को शरणों के समान
कह कर आत्मप्रशंसा कर सकता हूँ?

जंगम की सेवा करनेवाले भक्तों के
क्या मैं समान हो सकता हूँ?
हे कूडलसंगमदेव! ॥ 44 ॥

तृप्ति के लिए देता हूँ,
जंगम वेषधारी के लिए 'शरणु' कहूँगा।
परन्तु उस वेषधारण के अनुसार आचरण
ठीक न हो तो, हे कूडलसंगमदेव!
तुम साक्षी हो, मैं धिक्कारूँगा॥ 45 ॥

आयु पूरी हुए बिना मृत्यु नहीं,
वचन देकर न चूकोगे तो दारिद्र्य नहीं,
इस संसार से भयभीत क्यों हो?
हे कूडलसंगमदेवा!
आपका सेवक होने पर भय कैसा? ॥ 46 ॥

सोचकर कि दीर्घायु हूँ—न होगी मृत्यु प्रलय में,
धन संचय करते हो।
आयु का अन्त और प्रलय हुआ तो,
तुमने जो धन संचय किया था उसे भोगनेवाले न होंगे।
धरती में गाड़ कर न रखा करो धन।
वापस गाड़ा धन लेने जाओगे तो
क्या भूमि यों ही दे देगी?
आँखों से देखकर, मिट्टी में डालकर—
बिना खाये न जाओ जी!
तुम पत्नी के लिए संचित रखना चाहते हो,
तो पत्नी की बात भी अलग है,
तुम्हारी यदि मृत्यु होती है
तो क्या वह औरों के पास नहीं जाएगी?
औरों के हाथों में वह संचित धन नहीं दे देगी?
इसलिए पत्नी-पुत्रों के लिए रखकर
तुम मूर्ख बनकर बरबाद न हो।
कूडलसंगम के शरणों के लिए
जीते जी सर्वस्व समर्पित कर दो॥ 47 ॥

आराधना करोगे तो
अमृत का फल
विरोध करोगे तो
विष का फल।
इसलिए, जंगम से डरना ही है।
स्थावर और जंगम को एक मानोगे
तो कूडलसंगमदेव—शरण के अन्तरंग में ही है॥ 48 ॥

नहीं जानता
किस-किस के मन में क्या-क्या है।
उन्हें न अच्छे कहूँगा न बुरे
क्योंकि वे शिवभक्त हैं।
कूडलसंगमदेव, जंगम ही लिंग॥ 49 ॥

किस किसका संग क्या क्या नहीं कराता?
क्या कीड़ा कुंडल कीड़ा नहीं बन सकता?
चन्दन के संग में, परिमल के स्पर्श से
नीम - बबूल चन्दन नहीं बनेंगे क्या?
हमारे कूडलसंगमदेव के शरणों के
सत्संग से कर्म निर्मल नहीं बनेंगे क्या? ॥ 50 ॥

कोई रूठेगा तो हमारा क्या कर लेगा?
सारा गाँव रूठे तो हमारा क्या कर लेगा?
हमारे लड़के को कन्या न दें!
हमारे कुत्तों को थाली में खाने न दें!
हाथी पर सवार को
क्या कुत्ता काटेगा
जब तक हमारे कूडलसंगमदेव साथ हैं? ॥ 51 ॥

ओले के कंकड़ की तरह
लाख की पुतली की तरह
तन द्रवित होकर मिलने का
सुख मैं क्या कहूँ!

सुखातिरेक से आँखें भर आती हैं।
अपने कूडलसंगमदेव के
स्पर्श से मिलनेवाले सुख का
मैं क्या बयान करूँ! ॥ 52 ॥

आँख की पुतली की निगली दृष्टि सा
शून्य के निगले ब्रह्माण्ड सा
मोती के निगले जल सा
सुमन को निगले सुगंध सा
महानुभावियों के सत्संग को
अपने पेट भरने को लक्ष्य बनाया, इसलिए
मेरे तन का पर्याय नष्ट हो गया है जी!
हे कूडलसंगमदेव!
अल्लम प्रभु आदि शिवशरणों के संवाद से॥ 53 ॥

जाति कोई भी हो? शिवलिंग व्यक्तित्ववाला ही
श्रेष्ठ जाति का है,
जाति मिश्रित हो जाने पर
क्या शिवशरणों में जाति गिनी जाती है?
शिवधर्मकुले जातः पुनर्जन्म विवर्जितः।
उमा माता पिता रुद्रा ईश्वरम् कुलमेव च॥
इसलिए, वे जो खाने देते हैं लेता हूँ- कन्या दान करता हूँ॥
हे, कूडलसंगमदेव आपके शरणों पर विश्वास करता हूँ॥ 54 ॥

चूल्हे में उत्पन्न कालिख-सा
अमृत में निहित सर्प की देह-सा
बाहर सुकोमल हूँ मैं।
शेर के वश हुए मदमत्त हाथी-सा
मैं जंगम का वशा हो गया हूँ
हे कूडलसंगमदेव! ॥ 55 ॥

कोई भी हो श्रीमहादेव—भक्त
उसका जूठा तांबूल खाऊँगा।
उनके मैले कपड़े पहनूँगा।

उनकी पादुका की रखवाली कर जीवित रहूँगा
हे कूडलसंगमदेव! ॥ 56 ॥

कोई कुछ भी हो, धन के बिना चल सकता है क्या?
माँगने पर न देने से मरना अच्छा है, पर सहा नहीं जाता।
माँगनेवालों को देख-देखकर,
नहीं देनेवाले का जीवन व्यर्थ है।
हे कूडलसंगमदेव! ॥ 57 ॥

इन्द्रियों के दमन से दोष उत्पन्न होते हैं,
प्रकट हो पंचेन्द्रियाँ सताएँगी,
क्या सिरियाळ-चंगळे ने रतिसुख त्याग दिया था?
क्या सिन्धु बल्लाळ ने रतिसुख भोग त्याग दिया था?
आपका स्पर्श करके भी यदि परधन, परस्त्री की ओर
होता हूँ आकर्षित तो वह आपके सदाचार से बाहर हूँ।
हे कूडलसंगमदेव! ॥ 58 ॥

पास आओ, पास आओ कहकर
सभी भक्तों को प्यार से पास बुलाने पर
उनके निकट जाकर शरण कहकर, हाथ जोड़कर
मौन भाव से भृत्याचार से सविनय बातें कर
सदाचार करता हूँ तो कूडलसंगमदेव
शरण श्रेष्ठों के सामने मुझे अपना लेंगे॥ 59 ॥

अब क्या करूँ, कैसे करूँ?
मेरा मन रूपी बन्दर धावा बोल रहा है।
वह मुझे एक जगह ठहरने नहीं देता
एक जगह बैठने नहीं देता
एक क्षण में पाताल में ढकेल देता है
तो दूसरे क्षण आकाश में लहरा देता है
और एक क्षण में दश दिशाओं में दौड़ा देता है
कूडलसंगमदेव! इस मन रूपी बन्दर का दावा बोलना
पता नहीं कब रुक जाएगा और मैं कब आपसे मिलूँगा? ॥ 60 ॥

दो या तीन देवताओं के होने की बात
घमंड से न करो, देव एक ही है
दो कहना झूठ है
कूडलसंगमदेव के बिना कोई अन्य देव नहीं कहा वेद ने॥ 61 ॥

हमारे लोग मार खाकर भक्त हुए
हमारे लोग कटवाकर भक्त हुए
हमारे लोग आरे से कटवाकर भक्त हुए
हमारे लोग खिंचवाकर भक्त हुए
कूडलसंगमदेव के शरणों पर रूठने से
मेरी भक्ति अधूरी रह गई॥ 62 ॥

अन्धे को रात का कोई अर्थ नहीं
अन्धे को दिन का कोई अर्थ नहीं
बहरे को संगीत का कोई अर्थ नहीं
बहरे को पंचमहा राग का कोई अर्थ नहीं
कूडलसंगमदेव के मार्ग से अज्ञानी की स्थिति
अन्धे-बहरे जैसी ही है जी! ॥ 63 ॥

यह कौन है?
यह कौन है?
यह कौन है? ऐसा न कहने दीजिए।
यह अपना है
यह अपना है
यह अपना है—ऐसा कहने दीजिए।
हे कूडलसंगमदेव!
आपका पुत्र कहलाने दीजिए सदा॥ 64 ॥

खाने के कटोरे का कांसा अलग नहीं
देखने के दर्पण का कांसा अलग नहीं
कांसा और बर्तन अलग-अलग नहीं
साफ करने से दर्पण-सा लगने लगा
ज्ञानी हो तो शरण, अज्ञानी में हो तो मानव
कूडलसंग की पूजा करना न भूलो॥ 65 ॥

खाने-खिलाने में शुद्धि नष्ट कर ली, कहते हैं
रक्त-सम्बन्ध करने में कुलशुद्धि देखते हैं।
इनको भक्त कहूँ कैसे?
इनको योग्य कहूँ कैसे?
सुनो, हे कूडलसंगमदेव!
यह ऐसा ही है जैसा अस्पृश्य स्त्री का
शुद्ध जल में स्नान करना॥ 66 ॥

अच्छी वेशभूषा में सज-धजकर
पूज्यभाव से आए जंगम को श्रेष्ठ समझूँ,
फटे, पुराने गन्दे कपड़ों में आए जंगम को
हीन, कनिष्ठ समझूँ तो वह पंचमहापाप है।
इसलिए—अन्न, वस्त्र, धन की दृष्टि से
भेदभाव दिखाऊँ तो नरक में भेजेगा
कूडलसंगमदेव! ॥ 67 ॥

श्रेष्ठ कुल में मेरा जन्म हुआ है।
यह श्रेष्ठता का बोझ मेरे सिर पर न रखो जी!
श्रेष्ठ कुल का मानकर डोहर कक्कय्या बचा हुआ अन्न भी मुझे नहीं देता
दासय्या छाछ भी मुझे नहीं देता
गौरवान्वित चेन्नय्या मुझे क्षमा नहीं करता
महामहिम कूडलसंगमदेव, हे शिव हे शिव! ॥ 68 ॥

आए जंगम को
यदि उत्तम-मध्यम-अधम कहूँ
तो मैं उस दु:ख में जलूँगा
और वह आग मुझे भस्म करेगी।
सुखी जंगम और सामान्य जंगम
ऐसा कोई अन्तर है क्या
कूडलसंगमदेव? ॥ 69 ॥

सागर में छिपी चाह रूपी बड़वाग्नि की भाँति
पौधे में छिपी रस-स्वाद की भाँति

कली में छिपी सुगंध की भाँति
कूडलसंगमदेव है कन्या में छिपे स्नेह की भाँति॥ 70 ॥

सूर्योदय की जाड़े की धूप देह को हितकर है
दोपहर की कड़ी धूप देह को अहितकर है क्या?
प्रारम्भ में लिंग भक्ति अच्छी लगी
बाद में जंगम की भक्ति कठिन लगी क्या?
कूडलसंगमदेव ऐसों के अन्तरंग को पहचानता है।
इसलिए उनको नहीं मानता॥ 71 ॥

सुबह से शाम तक अपने भूखे पेट के लिए ही चिन्तित होना पड़ा!
आपके स्मरण के लिए समय नहीं मिला जी!
हे पिता लिंगदेव! यह कैसा होगा!
यह कैसी मेरी विधि लेखा?
उपले चुनने में समय गँवाया
बनाकर खाने समय नहीं
कृपा करो मुझ पर, हे कूडलसंगमदेव! ॥ 72 ॥

अग्नि में जलता कर्पूर क्या कोयला बनेगा?
मरीचिका जल में क्या कीचड़ होगा?
पवन से लिपटे परिमल को क्या अशुद्धि होगी?
मुझ पर जब आपकी कृपा है तो भव कैसा?
हे कूडलसंगमदेव!
आपके चरणकमलों में मुझे आश्रय दीजिए॥ 73 ॥

जलती हुई लकड़ी सिर पर रखोगे तो क्या जलना छोड़ देगी?
कंकड़ का दाना चबाने से क्या दाँत गिरे बिना रहेंगे?
शरणों के साथ मजाक करोगे तो नरक अवश्य मिलेगा
कूडलसंगमदेव! ॥ 74 ॥

धनवान शिवमन्दिर बनवाते हैं
मैं गरीब क्या कर सकता हूँ!
मेरे पैर ही खंभा, देह ही मन्दिर है
सिर ही सुवर्ण कलश है।

सुनो जी, हे कूडलसंगमदेव!
स्थावर नाशवान है, जंगम अविनाशी है ॥ 75 ॥

गाँव के सामने जब दूध की नदी बह रही है
तो बाँझ गाय के पीछे क्यों भागूँ?
निर्लज्ज होने की क्या बात? बेशर्मी की क्या बात?
जब तक कूडलसंगमदेव साथ हैं
बिज्जळ का राजभंडार मुझे क्यों चाहिए? ॥ 76 ॥

गाँववालों का वस्त्र पहनकर मार खाये धोबी-सा
सोना मेरा है, औरत मेरी है, मेरी है भूमि
कहकर पागल हुआ मैं,
आपको नहीं पहचानने से मेरा सर्वनाश हुआ
हे कूडलसंगमदेव! ॥ 77 ॥

गाँव में यदि कोई नए आते हैं
तो गाँव के कुत्ते क्या भौंकना छोड़ेंगे?
अलौकिक शरण यदि लोक में आए
तो निन्दक निन्दा नहीं करेंगे क्या?
निन्दकों के लिए आपके शरण धूमकेतु के समान हैं
हे कूडलसंगमदेव! ॥ 78 ॥

बायें हाथ में कटार, दाहिने हाथ में माँस,
मुँह में सुरापात्र, गले में यदि इष्टलिंग हो
तो उनको लिंगदेव कहूँगा, संगम कहूँगा
हे कूडलसंगमदेव! उनको मैं मुखलिंगी कहूँगा ॥ 79 ॥

बायें हाथ में दूध का कटोरा
दाहिने हाथ में एक छड़ी लेकर
कब आएँगे मेरे स्वामी
पीटकर दूध पिलानेवाले पिता।
दंडक्षीरद्वयं हस्ते जंगमो भक्ति मन्दिरम्।
अतिभक्त्या लिंगसंतुष्ठिरपहास्याद्यमदंडनम्॥

इसलिए—कूडलसंगमदेव, स्वयं ही
भक्तिमार्गदर्शक पिता हैं॥ 80 ॥

बायें पैर से लात मारोगे तो, दाहिना पैर पकड़ूँगा।
दाहिने पैर से लात मारोगे तो, बायें पैर पकड़ूँगा।
त्राहि त्राहि दोष मेरा है, क्षमा आपकी हो
हे कूडलसंगमदेव!
आपका करुणा शिशु हूँ मैं॥ 81 ॥

जैसे भी हो यह तन जो प्राप्त हुआ है
नष्ट होने से पहले पकाकर भोगो
कुछ कर पाओ,
समय बीतने से पहले उपले हो तो पकाकर भोगो।
फिर से इस भवभूमि में न आओगे, आओगे ही नहीं।
कर्ता कूडलसंगमदेव को शरणार्थी कहकर नमस्कार करो॥ 82 ॥

जहाँ भी देखो वहाँ आपका ही तेज देखता हूँ।
अन्य का नहीं।
मेरे मन के दुख दर्द में और स्मरण में
आपही हैं, प्रकाश है तो अन्धकार कहाँ?
हे कूडलसंगमदेव! ॥ 83 ॥

मैं बैल, दासी, सेवक
बनकर रहूँगा
आपके घर में, हे कूडलसंगमदेव!
लिंग जंगम का सेवक बनकर रहूँगा॥ 84 ॥

जहाँ देखो वहाँ आप ही दीखते हैं देव।
सारे विस्तार का रूप आप ही हैं देव
'विश्वतोचक्षु' आप ही हैं देव
'विश्वतोमुख' आप ही हैं देव
'विश्वतोबाहु' आप ही हैं देव
'विश्वत:पाद' आप ही हैं देव
हे कूडलसंगमदेव! ॥ 85 ॥

हृदय भरने तक, मन संतृप्त होने तक
आनन्द से जिह्वा आपकी स्तुति गाने तक
आपका नामामृत मेरे अन्तरंग में बरसाओ, हे मेरे पिता!
कली की तरह मेरा हृदय
आपके श्रीचरणकमलों में पड़कर खिले
हे कूडलसंगमदेव! ॥ 86 ॥

कहते हैं मेरा जन्म हुआ, मेरे लिए जन्म नहीं है जी
कहते हैं मेरी मृत्यु होगी, मेरे लिए मृत्यु नहीं है जी
जन्म होता है तो आपका पादोदक प्रसाद स्वीकार करूँगा
मृत्यु होती है तो आपके श्रीचरणों में समा जाऊँगा
चन्दन वृक्ष चाहे गाँव में हो चाहे जंगल में हो
परिमल तो उसका एक जैसा ही है।
हे कूडलसंगमदेव! ॥ 87 ॥

मेरा दुश्मन मैं ही हूँ
मेरा मित्र मैं ही हूँ
आपके सद्भक्तों से विरोध करना ही
मुझे मारना है
आपके पुरातनों की आज्ञा पालन ही
मेरा पालन करना है
दूसरा दुश्मन कहाँ? और मित्र कहाँ?
मुझे ऐसा रखो कि मैं नतमस्तक रहूँ और
हाथ जोड़े रहूँ।
हे कूडलसंगमदेव! ॥ 88 ॥

जब मुझे आपका स्मरण होगा तभी सूर्योदय है
जब मुझे आपका विस्मरण हो तभी सूर्यास्त है
आपका स्मरण ही मेरे लिए जीवन है
आपका स्मरण ही मेरे लिए प्राण है, हे मेरे पिता
हे स्वामी मेरे हृदय में अपनी चरण मुद्रा लगाओ
मुँह पर षडाक्षर लिखो
हे कूडलसंगमदेव! ॥ 89 ॥

कितने भी समय से पत्थर पानी में रहे तो क्या हुआ?
भीगकर भी क्या कोमल होगा?
कितने भी समय से आपकी पूजा करने से क्या हुआ?
यदि मन में दृढ़ता नहीं है तो?
गुप्त धन की रक्षा करनेवाले पिशाच की तरह
मेरी स्थिति हुई है हे कूडलसंगमदेव! ॥ 90 ॥

कुछ भी हो मैं विचलित नहीं हूँगा जी!
कंकाल बनूँ, नस टूट जाएँ, आँतड़ी फट जाएँ!
मैं विचलित नहीं हूँगा जी!
सिर फट जाएँ, और जमीन पर गिर जाएँ!
तो भी मेरी जिह्वा कूडलसंगा—'शरणु'
कह स्तुति करती रहेगी ॥ 91 ॥

मेरा तन डंड़ा बनाओ देव!
मेरा सिर तूँबा बनाओ देव!
मेरी सिराओं को तार बनाओ देव!
मेरी उँगलियों को मिजराब बनाओ देव!
बत्तीस राग गाओ देव!
उर में मीड़ बजाकर
हे कूडलसंगमदेव! ॥ 92 ॥

मेरे दोष अनंत कोटि हैं
आपकी सहनशीलता का कोई पार नहीं
पुनः मुझसे गलती होगी तो आपके चरण ही अग्नि परीक्षा हैं।
हे कूडलसंगमदेव!
आपके प्रमथों के सम्मुख किन्नरी बोम्मण्णा साक्षी है ॥ 93 ॥

मेरी बात मेरे लिए विष बन गई,
मेरे खड्ग ने मुझे ही मारा था।
मैं पापी हूँ जी, मैं क्रोधी हूँ,
बचपने से मेरा नाश हुआ,
भक्तिमार्ग न पहचान कर मूर्ख बना।
सेवक रूठ जाता है तो उसी का नाश होता है,

राजा रूठ जाता है तो भी सेवक का नाश होता है।
आप रूठ जाते हैं तो मेरा ही नाश होता है,
हे कूडलसंगमदेव! ॥ 94 ॥

मेरा मन रूपी बन्दर, तन के विकार रूपी
अल्प सुख में पड़कर और
व्यर्थ ही भ्रम में पड़कर कई दिशाओं में
कूदते हुए थका रहा है, देखो जी,
कूडलसंगमदेव रूपी कल्पवृक्ष
पर चढ़कर भी असीम सुख नहीं पा रहा है देखो जी! ॥ 95 ॥

मेरे लोगों ने मेरी प्रशंसा गा-गाकर
चढ़ा दिया मुझको सोने की सूली पर,
मेरी प्रशंसा ही मुझे शूल के रूप में चुभ गई न।
हाय आपके दिखाए गौरव ही तलवार बनकर छाती में लग गया न।
हाय! मैं घायल हो गया, सह न सकता।
हे कूडलसंगमदेव! यदि
तुम मेरे हितिचन्तक हो तो
कृपा कर मेरी प्रशंसा को रोको॥ 96 ॥

मेरा वाम-क्षेम आपका है जी
मेरी हानि-वृद्धि आपकी है जी
मेरा सम्मान-अपमान आपका है जी
लता को फल क्या कभी बोझ होता है?
हे कूडलसंगमदेव! ॥ 97 ॥

मुझमें भक्ति तो
सरसों के छठवें भाग की भी नहीं है,
मुझे भक्त कहते हैं,
मुझे समयाचारी कहते हैं,
पता नहीं मैंने क्या पाप किया है,
फसल को पकने से पूर्व ही कोई
काट देता है भला?
युद्ध न करनेवाला वीर मैं

सब प्रशंसा करते मेरी
सभी बुजुर्ग प्रशंसा करते हैं मेरी।
यह कैसी विधि है मेरी!
हे कूडलसंगमदेव! ॥ 98 ॥

मुझसे कोई छोटा नहीं
शिवभक्तों से कोई बड़ा नहीं
आपके चरण साक्षी हैं
मेरा मन साक्षी है
हे कूडलसंगमदेव!
मेरे लिए यही अग्नि परीक्षा है॥ 99 ॥

चौरासी लाख चेहरों में
एक चेहरा बनकर
मुझे दुःखाकर देखो
मुझसे माँग कर देखो
हे स्वामी! नहीं माँगोगे
तो आपके प्रमथों की कसम
आप चाहे किसी भी रूप में आकर
माँगोगे तो मैं अवश्य दूँगा
हे कूडलसंगमदेव! ॥ 100 ॥

हमारे शरण पूछें तो शुभ मुहूर्त कहिए
राशीकूट ऋणसम्बन्ध है—ऐसा कहिए
चन्द्रबल ताराबल भी है कहिए
कल से आज का दिन ही श्रेष्ठ कहिए जी
कूडलसंगमदेव की पूजा का
फल आपका है॥ 101 ॥

सींचने से न अंकुरता,
सींचना भूलने से न मुरझाता,
लिंगार्चन में सार नहीं, सार नहीं हे कूडलसंगमदेव!
जंगम को सींचने से स्थावर अंकुरित होता है॥ 102 ॥

शाल्मली वृक्ष गाड़कर फल देने की तरह
बिना शिवभक्ति की सम्पत्ति लेकर क्या करना है?
कड़वा फल हो तो क्या प्रयोजन?
गुणहीन स्त्री का रूप कैसा भी हो तो क्या होगा?
गुसलखाने का जल शुद्ध होगा तो क्या प्रयोजन?
गुणहीनों को कूडलसंगमदेव कभी नहीं चाहता॥ 103 ॥

अरे हे मानव लोभ न करो रे!
काल, चाँदनी और धन स्थिर नहीं रे,
अक्षय उपाधि के लिए—
कूडलसंगमदेव की पूजा करो अवश्य॥ 104 ॥

सब वीर हैं, सब साहसी हैं,
सभी महान हैं, सभी प्रमथगण हैं।
युद्ध के क्षण में नहीं दिखेगा,
भागने के क्षण में दिखाई देगा।
हमारे कूडलसंगमदेव के शरण साहसी हैं
अन्य सभी कायर हैं॥ 105 ॥

स्त्री पर कहीं मन मेरा ललचाता है तो
शपथ, आपकी शपथ, आपके प्रमथगणों की शपथ
परस्त्री को महादेवी मानता हूँ,
हे कूडलसंगमदेव! ॥ 106 ॥

बिना तिल का कोल्हू चलानेवाले
बैल की तरह हुई है मेरी भक्ति,
नमक को पानी में भिगोकर
खाने की तरह हुई है मेरी भक्ति,
हे कूडलसंगमदेव!
'मैंने किया है।' कहने जैसी अहंभाव की अग्नि
क्या कम है? ॥ 107 ॥

मोट सिर झुकाता है
तो क्या वह गुरु भक्त हो सकता है?

चिमटा हाथ जोड़ता है
तो क्या वह भृत्याचारी हो सकता है?
तोता पढ़ता है
तो क्या वह लिंगज्ञानी हो सकता है?
कूडलसंगय्या के शरणों के आने की रीति
और उनका व्यक्तित्व
अनंगसंगी कहाँ पहचान पाएँगे? ॥ 108 ॥

कुछ भी साधना की जा सकती है,
और कुछ की भी साधना की जा सकती है,
उसे अपने आप की पहचान न होती,
जिसे कूडलसंगमदेव की करुणा-कृपा
प्राप्त है नहीं॥ 109 ॥

आपके शरण जब तक न चाहेंगे
पढ़ने से क्या हो, सुनने से क्या हो
करने से क्या प्रयोजन?
हे शिव! हे महादेव!
परित्यक्ता स्त्री के मंगलसूत्र पहने के समान,
मेरा जीवन व्यर्थ लग रहा है।
हे कूडलसंगमदेव! ॥ 110 ॥

यह क्या है जी?
विप्रों की कथनी-करनी एक नहीं है, यह क्या है?
अपने लिए एक मार्ग तो शास्त्र के लिए अलग मार्ग!
हे कूडलसंगमदेव!
जैसे अछूतों के पेट में विप्र पैदा होकर
खाता है गोमांस,
उसके लिए तो यही दृष्टान्त है॥ 111 ॥

'आइए, कुशल तो हैं?'
ऐसा पूछने से क्या
आपका ऐश्वर्य उजड़ जाएगा?
'बैठिए' कहने से क्या धरती धँस जाएगी?

तुरन्त बात करने से क्या सिर फट जाएगा?
भले ही कुछ दे न सको
पर यदि विनय गुण का ही अभाव हो
तो नाक काटे बिना रहेगा क्या
कूडलसंगमदेव? ॥ 112 ॥

एक के बदले नौ बातें कहकर,
आँखें लाल करके वीरावेश से गर्जन कर,
बायीं भुजाएँ थपथपाते दूषण करनेवालों को
देखकर भयभीत होता हूँ, उनसे दूर हट जाता हूँ,
भाग जाने का दोष चाहे मुझे लगे।
हमारे कूडलसंगमदेव के शरणानुभव जिनको नहीं
उनका संग नहीं चाहूँगा, उनसे भाग जाऊँगा॥ 113 ॥

एक खरगोश पर नौ कुत्तों को छोड़ने की तरह
पहले मुझे छोड़ो, छोड़ो मुझे पहले —
कहनेवाले कुत्ते के समान है, काय विकार,
पहले मुझे छोड़ो, छोड़ो मुझे पहले —
कहता है मनोविकार भी
पंचेंद्रिय नाम के कुत्ते के छूने से पहले
मन आपके शरण में आए
हे कूडलसंगमदेव! ॥ 114 ॥

मिट्टी का मटका क्या टूटकर फिर से जुड़ सकता है?
व्रतभ्रष्ट क्या भक्त बन सकता है?
फल देना केले का अन्त है,
गर्भ धारण करना बिच्छू का अन्त है।
अन्न बेचा जा सकता है,
वस्त्र बेचा जा सकता है।
परन्तु भक्ति बेची जा सकती है क्या?
हे कूडलसंगमदेव! ॥ 115 ॥

ऐसा करो कि टूटा हुआ तवा भी घर में न रहे
'दे दो हे भगवान!' मेरे हाथ में घास का तिनका

'मृड़देव' कहकर भीख माँगने जाँऊ तो
'हटजाओ' कहलवाओ जी, हे कूडलसंगमदेव! ॥ 116 ॥

जिस घर में मालिक नहीं है
उस घर में आवारा कुत्ते के प्रवेश करने की तरह
जहाँ तुम न हो वहाँ प्रवेश नहीं करूँगा, हे संगय्या!
अस्पृश्य ही क्यों न हो
जहाँ तुम हो वे ही कुलश्रेष्ठ हैं,
हे कूडलसंगमदेव! ॥ 117 ॥

शिवशरण, अपने घर हमें साथ ले चलने पर
चोरी-चोरी परवधू को ताकने का विनोद नहीं करना चाहिए।
देखो जी! शरण सती के साथ विनोद ठीक नहीं,
भर पेट खा मस्ती से सती के साथ विनोद ठीक नहीं
कूडलसंगमदेव बड़े निष्ठुर हैं॥ 118 ॥

शरण आए तो ध्वज और बन्दनवार से सजाइए
परन्तु पूर्वाश्रम के सगे सम्बन्धी आए तो कहिए 'समय नहीं'
उस दिन क्यों नहीं आए थे?
जब मैं पानी दिया गया और
जनेऊ से बहिष्कृत हुआ था
और समयाचार में मैंने प्रवेश किया।
पारस के स्पर्श से लोहा सुवर्ण हो गया।
फिर भाई-बन्धु कैसे? हे कूडलसंगमदेव! ॥ 119 ॥

जिस नौकर का मालिक है, उसे कोई हानि नहीं
गाँव हो या जंगल नौकर को ढूँढ़ते आनेवाला मालिक है क्या?
बिज्जळ का नौकर हो तो क्या हुआ?
आत्मार्पण करनेवाले
नौकर से कूडलसंगमदेव प्रसन्न हैं॥ 120 ॥

सुखा कर मुझे निर्जीव करने पर भी
प्राण रहने तक आपके चरण-स्मरण करना न त्यागूँगा,
शरणुशरणार्थी करना नहीं त्यागूँगा

हे कूडलसंगमदेव! मेरी लाश पर
कांस की थाली रखकर खाने पर भी
नामस्मरण करना नहीं छोड़ूँगा॥ 121 ॥

घिसकर अग्नि सृष्टि मैंने किया समझकर
उसे छूने से क्या मेरा हाथ जलेगा नहीं?
मैंने किया, मैंने किया, मैंने किया
ऐसा न कहो रे, हे मन!
न कहो मन कि मैंने किया है।
सुनो जी, हे कूडलसंगमदेव!
चन्नबसवण्णा के चरणों में पड़कर
नमो नमो! कहता हूँ॥ 122 ॥

भक्तिरहित पूजा, श्रद्धारहित कार्य
वह पूजा और वह कार्य
चित्र का स्त्री रूप है, चित्र का गन्ना है
गले लगाने से सुख नहीं
चखने में स्वाद नहीं,
हे कूडलसंगमदेव!
ऐसी है ढोंगी की भक्ति॥ 123 ॥

चूल्हा जलता है तो रह सकते हैं,
परन्तु धरती में आग लगे तो रह नहीं सकते हैं,
तालाब यदि पानी पीता है तो
बाड़ा यदि फसल खाता है तो,
स्त्री अपने घर में चोरी करती है तो
माँ का दूध विष बनकर मार डालता है तो
किससे शिकायत करूँ?
हे कूडलसंगमदेव! ॥ 124 ॥

चूल्हे का भस्म धन देकर खरीदना नहीं चाहिए।
जैसा पसन्द आया वैसा भस्म लेपन कर लेना चाहिए।
भस्म लेपन से क्या लाभ, जब मन में श्रद्धा नहीं?

एक कहने जाकर नौ कहनेवाले ढोंगियों को
कभी नहीं चाहेगा कूडलसंगमदेव! ॥ 125 ॥

नहीं चाहिए, नहीं चाहिए जो आपके नहीं हैं,
नहीं चाहिए, नहीं चाहिए सारा जग जाने,
नहीं चाहिए, नहीं चाहिए चाहे तुम रूठ जाओ,
हे कूडलसंगमदेव! आपकी कसम
आपके प्रमथों की कसम॥ 126 ॥

नहीं चाहिए कहना वैराग्य है
चाहिए करना कायगुण है
कोई भी वस्तु हो तो क्या हुआ?
जो अपने लिए मिली है
उसे लिंगार्पित कर उपभोग करना ही आचार है,
कूडलसंगमदेव की कृपा पाने आई
प्रसादकाया को नष्ट नहीं करना चाहिए॥ 127 ॥

बाहर अलंकृत मैलार देव की मूर्ति,
घास और सन भरा रहता है भीतर
बाहर का रंग बड़ा आकर्षक है जी!
कुत्ते की नींद, अज्ञानी की तप की तरह
हुई है जी मेरी मति हे कूडलसंगमदेव! ॥ 128 ॥

भागनेवाला वीर नहीं, माँगनेवाला भक्त नहीं,
वीर को भागना नहीं चाहिए
भक्त को माँगना नहीं चाहिए
भागूँगा नहीं, माँगूँगा नहीं,
हे कूडलसंगमदेव! ॥ 129 ॥

तवा क्या जाने पोहे की रुचि?
बन्दर क्या जाने झूले का सुख?
कौआ नन्दनवन में भी हो तो क्या वह
कोयल बन सकता है, कहो जी?
सरोवर के किनारे यदि कबूतर बैठा हो

तो क्या वह हंस बन सकता है?
हे कूडलसंगमदेव! ॥ 130 ॥

रंगबदलती छिपकली काँटों के हाते से हाते को दौड़ता हो जैसा मेरा मन है
समय-समय पर रंग बदलते गिरगिट की तरह मेरा मन है
चमगीदड़ के जीवन की तरह मेरा मन है
बीच रात में उठकर अन्धे को
गाँव के प्रवेश द्वार में सूर्योदय होने की तरह,
जो भक्ति मन में ही नहीं वह भक्ति चाहने पर भी मिलेगी क्या
हे कूडलसंगमदेव! ॥ 131 ॥

शिवपथ का ज्ञान न हो तो
पढ़ने से क्या होता है? सुनने से क्या होता है?
तोते ने पढ़ा था देखो, शिवज्ञान जाने बिना,
पढ़ने का फल तो मादार (मोची) चन्नय्या
को मिला था, हे कूडलसंगमदेव! ॥ 132 ॥

आँखें भरने पर देखा नहीं,
कान भर आने पर सुना नहीं,
अंजली भर जाने पर पूजा नहीं,
मन भर जाने पर स्मरण किया नहीं,
महंत कूडलसंगमदेव का! ॥ 133 ॥

जहाँ भी दिखे शिवभक्त को देखकर
एक दृष्टि से 'शरणुशरणार्थी' कह नमस्कार करोगे
सात जन्मों के पाप छूट जाएँगे।
तन जुड़े ऐसा चरण स्पर्श करना
पारस के स्पर्श के समान है।
कर्ता कूडलसंग के शरणों का संग
पुनः इस भवचक्र में आने न देता॥ 134 ॥

जो भी भक्त दिखे उन्हें हाथ जोड़ नमस्कार
करनेवाला ही भक्त है।

मृदु वचन ही सभी प्रकार का जप है
मृदु वचन ही सभी प्रकार का तप है।
सद्विनय ही सदाशिव की भक्ति है
कूडलसंगय्या, ऐसा न हो तो मानता नहीं॥ 135 ॥

जो कुछ देखता हूँ उस ओर आकर्षित होने नहीं देता मन को
देखकर आँखों से ललचाता नहीं हूँ,
जबान से कुछ कहकर मुकरता नहीं हूँ,
हे कूडलसंगमदेव!
आपके शरण की रीति ऐसी है॥ 136 ॥

मुझे देखनेवाले न रहने से मैं निस्तेज हुआ हूँ,
मुझसे बात करनेवाले न रहने से मैं दुर्बल हूँ
कोई मेरे तन-मन-धन माँगनेवाले
न रहने से मैं गरीब-सा बन गया हूँ,
सतानेवाले और माँगनेवाले शरणों को लाकर
ऐसा करो कि वे मुझे खूब सताए और माँगें
हे कूडलसंगमदेव! ॥ 137 ॥

दर्पण देखनेवाले हे भाइयो,
जंगम को देखिए न!
जंगम में ही लिंग समाहित हैं
'स्थावर और जंगम' एक हैं कहता —
कूडलसंगमदेव का वचन॥ 138 ॥

मेढक के साँप की छाया में पड़ने की
गति हुई है मेरी,
हाय! यह संसार मेरा व्यर्थ हो गया न।
हे कर्ता कूडलसंगमदेव!
इससे बचाकर मेरी रक्षा करो जी! ॥ 139 ॥

कहते हैं—ईख के गन्ने पर मधु पक्खी जम गई है,
वे एक-दूसरे की रुचि नहीं जानते,
भक्त और जंगम के बीच

अर्थ-प्राण-स्वाभिमान रूपी छिलका
बाधक है देखो जी, हे कूडलसंगमदेव! ॥ 140 ॥

लोहे के बन्दर को पारस के स्पर्श से क्या हो
चाहे वह स्वर्ण बने या और कुछ बने
यदि वह अपने पूर्व-रूप को न छोड़ता हो?
हे कूडलसंगमदेव!
आप पर विश्वास करके भी अविश्वासी रहनेवाले
ढोंगी हैं ॥ 141 ॥

लोहा पारस से स्पर्शित होने से क्या होता है?
लोहा यदि स्वर्ण नहीं बनता तो पारस लेकर क्या करें?
घर का अँधेरा यदि दूर नहीं होता तो
उस ज्योति को लेकर क्या करें?
कूडलसंगमदेव की पूजा मन से करने पर भी
कर्मपाश टूटता नहीं तो उस पूजा को लेकर क्या करें? ॥ 142 ॥

गला गलाकर आग में
मेरे मन की कालिख दूर कर
चढ़ा कर निकष पर रंग आने तक
तपा कर देख मुझे,
चोखा सोना कर दे, काटकर ठोंक बजा कर
अपने शरणों के चरणों का गहना बनाकर
मेरी रक्षा करो जी, हे कूडलसंगमदेव! ॥ 143 ॥

हाथी को बड़ा, अंकुश को छोटा
कहा जा सकता है? कभी नहीं,
पर्वत को बड़ा कौंध को छोटा
कहा जा सकता है? कभी नहीं,
अन्धकार को बड़ा दीपक को छोटा
कहा जा सकता है? कभी नहीं,
विस्मृति बड़ी, आपके स्मरण करनेवाला मन छोटा
कहा जा सकता है? कभी नहीं
हे कूडलसंगमदेव! ॥ 144 ॥

हाथी भय खाता है अंकुश से,
पर्वत भय खाता है कौंध से,
अन्धकार भय खाता है ज्योति से,
कानन भय खाता आग से,
पंचमहापातक भय खाते हैं
कूडलसंगमदेव के नाम मात्र से॥ 145 ॥

वीरता हो तो लड़ना चाहिए चाहे सुई से या खड्ग से
शरणमार्ग में हो तो
शिवभक्तों के घर में छाछ को,
पंचामृत बना लेना चाहिए।
परन्तु भ्रम में पड़कर लिंग के लिए
मृष्टान्न खोजनेवाले पापियों को
कूडलसंगमदेव कभी चाहेगा नहीं॥ 146॥

वीर के हाथ के तलवार के समान होना चाहिए।
हड्डी दिखे ऐसा मारने पर भी सहना चाहिए।
इस रणभूमि में सिर कटकर नीचे
गिरने चिल्लाने पर उसे शिवार्पित समझना चाहिए।
ऐसे वीर बलिदानी को पसन्द करेगा कूडलसंगमदेव! ॥ 147॥

पत्थर के नागदेवता पर दूध चढ़ाएँगे,
जीवित नाग की हत्या करेंगे,
खानेवाले जंगम को झिड़का देंगे,
नहीं खानेवाले लिंग को भोग लगाएँगे,
कूडलसंगम के शरणों का अनादर करनेवाले
पत्थर से टकरानेवाले मिट्टी के ढेला जैसा है॥ 148 ॥

पत्थर में स्वर्ण है, वृक्ष में अग्नि है,
दूध में घृत है, अन्तर्यामी में शिव है,
जाने क्यों अँधेरा है, कुछ दीखता नहीं है।
मार्गदर्शक गुरु आते क्यों नहीं,
हे कूडलसंगमदेव! ॥ 149 ॥

न करो चोरी, न करो हत्या,
न बोलो झूठ, न करो क्रोध,
औरों से घिन मत करो,
अपनी प्रशंसा कभी न करो,
सामनेवाले की निन्दा न करो,
अन्तरंग की शुद्धि यही है
बहिरंग की शुद्धि यही है
कूडलसंगमदेव को मनाने की यही रीति है॥ 150 ॥

चोर, कैदी, सँपेरा, विटपुरुष और
सेवक, सैनिक यदि कहूँगा तो,
तुम सहित आए भक्तों को
यदि आप, न कहूँ तो, मैं द्रोही बनूँगा
कथनी-करनी में झूठा हो तो
कूडलसंगमदेव को दिखाए
चन्नबसवण्णा की कसम॥ 151 ॥

अन्न का एक दाना देखते ही
कौआ अपने समूह को बुलाएगा नहीं क्या?
एक निवाला देखते ही
मुर्गी अपने कुल को बुलाएगी नहीं क्या?
शिवभक्त होकर, भक्ति पक्ष का न हो तो
वह कौए-मुर्गी से भी हीन है
हे कूडलसंगमदेव! ॥ 152 ॥

कौए का विष्ट पड़ा स्वर्णकलश होने से
शिवशरणों के पहनने चर्मपादुकाएँ बनाओ जी मुझे।
कर्मावलंबिनः केचित् केचित् ज्ञानावलंबिनः।
वयं तु शिवभक्तानां पादरक्षावलंबिनः॥
हे कूडलसंगमदेव!, आँचल पसार कर बिनती करता हूँ
यही एक वरदान दे दो जी॥ 153 ॥

पीछे से कोई निन्दा करता है,
तो सुनकर खुश होना चाहिए,

क्योंकि
न देने से न लेने से उनको यदि
खुशी होती है तो होने दो।
मेरे मन के दोष मिटाकर
आपके शरणों को 'शरणार्थी' कह नमस्कार करना
सिखाओ, हे कूडलसंगमदेव! ॥ 154 ॥

क्या अन्धा पारस का पर्वत देख सकता है?
क्या निर्भाग्य कुएँ से सिद्धरस भर सकता है?
क्या नतभाग्य को सोना दिखता है?
क्या अशुद्ध को कामधेनु दूध देगी?
जुगनू को देख यदि सियार अपनी
दुम को चोट लगा लेगा तो क्या होगा?
अपने स्वामी कूडलसंगम के शरणों
का दर्शन क्या बिना पुण्य का होगा? ॥ 155 ॥

केवल एक पैसे के लोभ में
करोडों के लाभ से वंचित होना मैं नहीं जानता हूँ
भक्ति की शक्ति न पहचान कर
मतिहीन होने की बात मैं नहीं जानता हूँ
कूडलसंगमदेव के शरणों के सत्संग से
ज्ञान पाकर मैं कृतार्थ हो गया ॥ 156 ॥

तन के भय से न कहूँगा—'रक्षा करोजी'
जीवनयापन के लिए न कहूँगा—'कुछ दीजिए'
'यद् भावम् तद् भवति'—धन या निर्धनता
पर न कहूँगा—चाहिए, नहीं चाहिए,
न आप से चाहूँगा, न मनुष्य से माँगूँगा,
आपकी कसम, हे कूडलसंगमदेव! ॥ 157 ॥

पैरों में बाँधा लोहे का गोला,
गले में बाँधा काष्ठ का टुकड़ा,
लोहे का गोला तैरने नहीं देता
काष्ठ का टुकड़ा डूबने नहीं देता।

ऐसे भव सागर से पार कराके
कालांतक मेरी रक्षा करो
हे कूडलसंगमदेव! ॥ 158 ॥

कान का दोष मिट गया, सद्गुरु के वचन से।
नयन का दोष मिट गया, सद्भक्तों को देखने से।
तन का दोष मिट गया, आपके चरणस्पर्श करने से।
मुँह का दोष मिट गया, आपके प्रसाद को खाने से।
नाना प्रकार के दोष मिट गए, आपके शरणों के अनुभावी होने से।
हे कूडलसंगमदेव! सुनिए जी!
मेरे मन का दोष मिट गया, यह पहचानने से कि
आपके अतिरिक्त कोई और नहीं है॥ 159 ॥

मकड़ी सूत्र से जाला बुनने की भाँति
सूत्र के लिए धागा कहाँ से लाई?
चरखा नहीं, उसके लिए रूई नहीं, किसने सूत्र काता?
अपने तन से सूत निकाल कर फैलाता है,
उसमें बड़े प्यार से चल फिर कर,
अन्त में अपने में समेटकर रखने की तरह,
अपने से निर्मित इस जग को अपने में
समेट लेते हैं हमारे कूडलसंगमदेव! ॥ 160 ॥

दीवार को लाख धोने पर भी
क्या लगा कीचड़ छूटता है?
मेरे तन का अवगुण दूर
करने की कृपा करो जी।
कंबल में आटे को गूँधने के समान देखो जी मेरा मन,
हे कूडलसंगमदेव, आपको शरणु कह नमस्कार कर
शुद्ध हुआ॥ 161 ॥

घोड़े पर सवार छत्री-चामरवाले को देखकर
झुक कर पैर पकड़ते हैं और
नमस्कार करते हैं।
गरीब भक्तों के आने से

'समय नहीं' आगे-चलो कहते हैं।
मेरे स्वामी कूडलसंगय्या ऐसे लोगों को
रोक कर नाक काटे बिना छोड़ेंगे क्या? ॥ 162 ॥

कद्दू को लोहे का बन्ध डालोगे
सड़ेगा नहीं तो क्या बढ़ेगा?
बेमन को यदि दीक्षा दोगे
तो भक्ति कैसी होगी? वह पहले जैसा ही
हे कूडलसंगमदेव!
मनहीन को नैवेद्य
की रक्षा के लिए रखने के समान है॥ 163 ॥

भेड़ का समूह समृद्ध गन्ने के खेत में घुसकर
रसीले को न पहचान कर बाहरी पत्ते ही चख बैठे।
आपको पहचानते हैं मस्त हाथी ही
भेड़ पहचानेंगे कैसे? हे कूडलसंगमदेव! ॥ 164 ॥

केश, अँगुली, बाहु और आगे दाँत निकालकर देना,
साड़ी का पल्ला बिछाकर पार करता हूँ—
तो मुझ पर विश्वास करो।
ऐसा करो कि पर-पुरुषों का मुख न देख सकूँ,
बाद में तुम जैसा चाहते हो वैसा रखो मुझे,
मेरे छाती पर 'कूडलसंगय्या' लिखो,
हरि ब्रह्मा के चरण में न पड़ूँ—ऐसा मंत्र जल डालो॥ 165 ॥

कुल से जो ब्राह्मण है, किसी के ब्रह्महत्या
पाप को स्वयं अपने पर लेता है।
क्या यह देव भक्त के लिए समान है?
क्या यह लिंग भक्त के लिए समान है?
बढ़ई माचलादेवी को कुलशुद्ध करने के बहाने
स्वर्ण गाय बनाकर के एरंडी पत्तों से निकले दूध से
महाभोज तैयार करके खानेवालों को क्या कहें?
हे कूडलसंगमदेव! ॥ 166 ॥

बैठकर लिंग पूजा कर तुच्छ कार्य करते हैं,
श्वेत बैल की आड़ में हिरन को बाण चढ़ाने के समान
चोर व्यभिचारी के हाथ की पूजा स्वीकार न करेंगे
हमारे कूडलसंगमदेव! ॥ 167 ॥

कृतयुग में केदार मूल तीर्थ स्थान था,
त्रेयायुग में वाराणसी मूल तीर्थ स्थान था,
द्वापरयुग में विरूपाक्ष मूल तीर्थ स्थान था,
कलियुग में पर्वत श्रीशैल मूल तीर्थ स्थान है,
ये चारों मूल तीर्थ स्थान हैं।
मैं उन तीर्थ स्थान को न जाकर
जंगम को ही लिंग मानता हूँ
हे कूडलसंगमदेव! ॥ 168 ॥

गोरा काले का स्मरण करता है तो वह क्या काला होगा?
काला गोरे का स्मरण करता है तो क्या वह गोरा होगा?
कंगाल धनवान का स्मरण करता है तो क्या धनवान होगा?
धनवान कंगाल का स्मरण करता है तो क्या कंगाल होगा?
पुरातन शरण श्रेष्ठों का स्मरण कर धन्य समझनेवाले
केवल बातों में मनोरंजन करनेवाले को क्या कहूँ?
हे कूडलसंगमदेव! ॥ 169 ॥

गलत कार्य न करते, गलत बात न कहते
दूसरों की झूठी तारीफ नहीं करते,
तो क्या नहीं करेगा लिंग? क्या नहीं देगा लिंग?
जो माँगता हूँ वह देनेवाला है
विश्वासी शिवभक्त की यही दिव्य परीक्षा है
हे कूडलसंगमदेव! ॥ 170 ॥

नदी-नाले और कुएँ अपने को यदि खोले तो
कंकर झाड़ झंखाड़ और सीप दिखाई देते हैं।
समंदर अपने को यदि खोले तो मोती दिखाई देते हैं।
कूडलसंगम के शरण यदि दिल खोलकर बातें करते हैं
तो लिंग का दर्शन कर सकते हैं॥ 171 ॥

दूसरों से प्रशंसा पाने के लिए शुद्ध होता हूँ,
परन्तु अपने मन के लिए क्यों शुद्ध नहीं होता?
हाथ से स्पर्श कर पूजा यदि करना चाहूँ, तो मेरे हाथ शुद्ध नहीं हैं जी।
मन शुद्धि से पूजा करना चाहता हूँ, तो मेरा मन शुद्ध नहीं जी
यदि भाव शुद्ध हो तो,
कूडलसंगमदेव पास बुलाकर क्यों नहीं अपना लेगा? ॥ 172 ॥

कीचड़ में फँसी गाय की तरह
मैं चारों दिशाओं में हाय-हाय कर चिल्ला रहा हूँ
मेरी देखभाल करनेवाला कोई नहीं है
हाय! गाय मानकर मुझे कूडलसंगमदेव
सींग पकड़कर कीचड़ से ऊपर उठाता क्यों नहीं? ॥ 173 ॥

देनेवाला कूडलसंग है, लेनेवाला भी कूडलसंग है देखो रे
मानव मात्र देते हैं—ऐसा समझनेवालों के मुँह में
क्या कीड़े नहीं पड़ेंगे?
तीनों लोक को देनेवाला
हमारा कूडलसंगय्या है देखो रे! ॥ 174 ॥

प्राणि हत्या करनेवाला ही चमार,
अभक्ष्य खानेवाला ही मेहतर,
जाति कैसी, उनकी जाति कैसी?
सकल जीवों की भलाई चाहनेवाले
कूडलसंगमदेव के शरण ही श्रेष्ठ जाति के हैं॥ 175 ॥

प्राणियों की हत्या नहीं करूँगा
जीभ की रुचि के लिए न खाऊँगा
परसती का संग न चाहूँगा
आगे कष्ट होगा, यह जानता हूँ जी
माप पात्र के अखंड मुँह की तरह मेरा मन
एक कर स्थिर करो हे कूडलसंगमदेव! ॥ 176 ॥

करोड़-करोड़ों जप करने पर भी
मन क्यों कष्ट में पड़ जाता है?

किंचित् गीता अनंत कोटि जप
तब जप क्यों चाहिए हे मन?
कूडलसंगम के शरणों के दर्शन कर
गाते-नाचते जीवो रे हे मन! ॥ 177 ॥

बन्दर से छेड़ने का गुण छोड़ने के लिए कहो तो मानेगा नहीं।
घूस छत को भी खोदना नहीं छोड़ेगा,
दूसरों को सताना ही भूतों का काम है,
हे कूडलसंगमदेव! यही तो उनका कायक है॥ 178 ॥

भैंसे को बोझ ढोते थके-माँदे जाते देखकर,
कुत्ता बीच में भूँकते आता हो ऐसा।
न स्वयं विश्वास करते हैं,
न विश्वास करनेवालों को करने देते हैं।
न स्वयं करते हैं, न करनेवालों को करने देते हैं।
भक्ति करनेवाले भक्त को देखकर सहन न करनेवालों को
अवश्य ही नरक में डालेगा कूडलसंगमदेव! ॥ 179 ॥

क्रोधी अभिषेक करता है तो रक्त की धारा
पापी फूल चढ़ाता है तो तेजदार हथियारों की चोट
आपको चाहनेवाले किसी को न देखा, मादार(मोची) चन्नय्या के बिना
आपको चाहनेवाले किसी को न देखा, डोहर कक्कय्या के बिना
विशाल हृदयी है हमारे मडिवाळ (धोबी) माचय्या
ये आपके निज साथी हैं हे कूडलसंगमदेव! ॥ 180 ॥

पति से प्रेम नहीं करनेवाली पत्नी
लिंग की निष्ठा नहीं रखनेवाला भक्त
हे शिव, इनका रहना, नहीं रहना किसी काम का नहीं
हे कूडलसंगमदेव! यह
नहीं पिलानेवाली गाय के पास
न पीनेवाले बछड़े को छोड़ने के समान है॥ 181 ॥

पति तो शिवलिंग भक्त है
पत्नी मारि-मसणि देवियों की भक्तिन है।

पति तो पादोदक प्रसाद स्वीकार करता है
पत्नी सुरा-मांस लेती है।
भांड-भाजन शुद्ध न रखनेवालों की भक्ति
शराब के मटके को बाहर से धोने की तरह है।
हे कूडलसंगमदेव! ॥ 182 ॥

बाण का पुच्छ दिखे ऐसा मारनेवाले वीर को न देखा
साड़ी के स्पर्श होने पर भी चंचल न होनेवाले मुनि को न देखा
उनकी कैसी वीरता? उनका कैसा सम्बन्ध
वह घास की आग जैसी है, अस्पृश्य के नर्तन के समान
ऐसे लोगों में कोई सार नहीं, कूडलसंगमदेव! ॥ 183 ॥

तोते को पिंजरे में रखकर, दीप को तेल डालकर,
बाती रखकर आपकी प्रतीक्षा कर रही हूँ जी,
झाड़ पत्तों की आवाज बाहर से सुन रही हूँ,
उससे बिछुड़ने के भय से मन विचलित है रे
कूडलसंगमदेव के शरण द्वार पर खड़े होकर
'शिवा' कहने से आनन्दित होती हूँ मैं॥ 184 ॥

तोते के भविष्य सुनाने से क्या प्रयोजन?
कब बिल्ली पकड़ने आता, न बता सकता हो तो?
इस संसार को देखनेवाली आँख
अपने पर चुभनेवाले काँटे देख नहीं सकती
कहते हैं औरों के गुण बहुत जानते हैं
परन्तु वे अपने गुणों को नहीं पहचानते
हे कूडलसंगमदेव! ॥ 185 ॥

संगीत जाननेवाला प्रवीण नहीं
होशियारी से बात करनेवाला प्रवीण नहीं
वह प्रवीण है
जो लिंग पर पूर्ण विश्वास रखता है।
जंगम की सेवा करनेवाला प्रवीण है
यमराज के मुँह में पुनर्जन्म रूपी दुम काटकर जो

बाहर आ सका वह प्रवीण है।
वही हमारे कूडलसंग का शरण है॥ 186 ॥

गीता का गायन करने से क्या होता है?
शास्त्र का पारायण करने से क्या होता है?
वेद वेदान्त के पढ़ने से क्या होता है?
मन:पूर्वक लिंग जंगम की पूजा करना जो नहीं जानता है,
सब में प्राज्ञ हुआ तो क्या हुआ
भक्तिहीनों को कभी नहीं चाहेगा
हमारे कूडलसंगमदेव! ॥ 187 ॥

गुरु को तन का अर्पण कर,
लिंग को मन का अर्पण कर,
जंगम को धन का अर्पण कर,
इस प्रकार त्रिविध को त्रिविध अर्पण कर
मैं परिशुद्ध हुआ देखो जी
हे कूडलसंगमदेव! ॥ 188 ॥

गुरु शिष्य सम्बन्ध का यह प्रतीक है :
पूर्वाश्रम को त्यागकर भक्तिपथ में आगे जाना ही है।
सुनो जी, हे कूडलसंगमदेव!
अग्नि में काष्ठ छिपाए रखने की तरह रहना चाहिए॥ 189 ॥

गोत्र का नाम पूछने से
चुप क्यों हो गए, बात क्यों नहीं करते?
सिर खुजलाते जमीन को उंगलियों से कुरेदते क्यों हो?
गोत्र का नाम क्यों न बताते हैं कि
हम मादार (मोची) चन्नय्या और डोहर कक्कय्या के गोत्र के हैं
हे कूडलसंगमदेव! ॥ 190 ॥

चकोर को चिन्ता चाँदनी की
अम्बुज को चिन्ता सूर्योदय की
भौंरे को चिन्ता पुष्पगंध भोगने की

मेरे लिए चिन्ता कूडलसंगम के
शरणों के सुमिरन की॥ 191 ॥

चन्द्रमा की शीतलता में पलता हुआ तन,
चाँदनी को चाहने की कैसी बात?
शिवशरणों के सत्संग में रहकर
शिव से माँगने की कैसी बात?
कूडलसंगय्या के शरण आकर
तुम अपने हो कहने से तृप्ति नहीं क्या? ॥ 192 ॥

चन्द्रमा का अमृतकर होने से क्या हुआ
भीतर का कलंक दूर किए बिना?
सूर्य का महाप्रकाशमान होने से क्या हुआ
अस्तमान को अस्तंगत का हीन गुण त्यागे बिना?
मेरा आपके कृपा पात्र होने का क्या फल मिला
आपके शरण मुझसे रूठकर चले जाने के बाद?
हे कूडलसंगमदेव! ऐसा करो कि आपके
शरणों के मन में मुझ पर करुणा भाव आए॥ 193 ॥

चन्द्रोदय में सागर उमड़ पड़ता है
चन्द्रास्त से सागर शान्त होता है।
चाँद के बीच में राहु बाधक के रूप में आने पर
क्या सागर रो पड़ता है?
सागर का पानी जब मुनि ने पी लिया
तो क्या चन्द्रमा रोकने आया?
कोई किसी का नहीं है,
बिगड़े का कोई साथी नहीं,
इस संसार के हितैषी आप ही हैं जी,
हे कूडलसंगमदेव! ॥ 194 ॥

गर्भ धारण करना बिच्छू का अन्त है
फल फलित होना केले का अन्त है
युद्धभूमि में लड़नेवाला सैनिक पीछे मुड़ेगा तो
उसका वही अन्त है।

भक्ति करनेवाला साधक यदि मनहीन बनता है तो
उसका वही अन्त है, हे कूडलसंगमदेव! ॥ 195 ॥

हठ चाहिए शरण को पर-धन नहीं चाहने का,
हठ चाहिए शरण को पर-सती नहीं चाहने का,
हठ चाहिए शरण को अन्य देव को नहीं चाहने का,
हठ चाहिए शरण को लिंग-जंगम को एक कहने का,
हठ चाहिए शरण को प्रसाद को सत्य कहने का,
हठहीन जनों से कूडलसंगमदेव कभी प्रसन्न नहीं होंगे॥ 196 ॥

जंगम के सम्मुख वाहन पर चढ़ना नहीं,
चढ़े तो भव से मुक्ति नहीं मिलेगी,
क्योंकि—भविष्य में सूली पर चढ़ने की गति होती है, इसलिए
जंगम के आने पर आसन में नहीं बैठूँगा।
बैठूँ तो भव से मुक्ति नहीं,
क्योंकि—भविष्य में जलते ईंटों पर बैठने की
गति होती है, इसलिए
जंगम के सामने साहस से ठहरा नहीं करूँगा
ठहरने से भव से मुक्ति नहीं मिलेगी।
क्योंकि—भविष्य में दोनों हाथ पीछे बाँधकर बिठाने की
गति होती है इसलिए
ऐसे दुखपूर्ण भवों से भयभीत हूँ जी
आपकी पहचान आप ही समझकर
दासत्व करते भृत्य बने रहता हूँ जी
हे कूडलसंगमदेव! ॥ 197 ॥

जंगम के साथ मिलकर
लिंगार्चन करना अच्छा है भक्त को,
उस भक्त के साथ मिलकर
लिंगार्चन करना अच्छा है जंगम को
जंगम को कर्तृ समझना ही भक्त का दासोह है,
उस भक्त का सेवाभाव ही जंगम का दासोह है।
उस भक्त में वह जंगम समा गया

उस जंगम में वह भक्त समा गया
इसे क्या समझूँ? दो एक होने के महातत्त्व को?
इसकी क्या उपमा दूँ? इस रूपहीन परवस्तु की?
हे कूडलसंगमदेव!
आपकी श्रुतियों ने कहा है
कि इन दोनों को भव नहीं है,
इसलिए आपकी करुणा मेरे प्रति है॥ 198 ॥

जंगमरहित लिंगार्चन
टूटे गढ़े में जल डालने के समान है।
जंगम सहित लिंगार्चन ही भक्ति का मार्ग है,
जंगम प्रसाद का भोग उपभोग ही
मेरे लिए लिंगार्चन है,
अन्य और कुछ जानना चाहूँ तो
कूडलसंगमदेव नरक में डालेगा॥ 199 ॥

जंबूद्वीप नवखंड इस पृथ्वी में
सुनो जी, दो व्यक्तियों की भाषा!
लय की भाषा भगवान की
जीतने की भाषा भक्त की
सत्य रूपी तेज हथियार लेकर
सद्भक्त जीत गए जी,
हे कूडलसंगमदेव! ॥ 200 ॥

जग-सा विशाल, नभ-सा विशाल
आपका विस्तार उससे भी परे है।
पाताल से भी पार तेरे श्रीचरण,
ब्रह्मांड से भी पार तेरा श्री मुकुट,
अगम, अगोचर, अप्रतिम हे लिंग
कूडलसंगमदेव!
तुम मेरे करस्थल में समा गए॥ 201 ॥

जन्म देकर माँ बनी माया,
मोहने को बेटी बनी माया,

मिलन को स्त्री बनी माया,
इस प्रकार विविध रीति से माया ने सताया
इस माया से मुक्त होना मुझसे सम्भव नहीं,
आप जानते हैं, हे कूडलसंगमदेव! ॥ 202 ॥

जन्म-जन्मान्तर में जाने न देते हुए,
सोहं न कह—दासोहं कहलवाओ जी,
लिंग जंगम का प्रसाद दिखा कर
जीने दो, हे कूडलसंगमदेव! ॥ 203 ॥

जागृति - स्वप्न - सुषुप्ति में भी
अन्य का स्मरण करूँ, तो
सिर कट जाए! सिर कट जाय!
झूठ कहूँ तो हे देव! सिर कट जाए, सिर कट जाय,
कूडलसंगमदेव!
आपके बिना अन्य का स्मरण करूँ तो
सिर कट जाए! सिर कट जाय! ॥ 204 ॥

जाति को लेकर अशुद्धि दोष ढूँढ़ते हो
ज्योति को लेकर अँधेरे को ढूँढ़ते हो,
यह क्या पागलपन है, रे हे मनुज!
जाति में श्रेष्ठ कहते हो,
विप्र शतकोटि हैं तो क्या प्रयोजन है?
भक्त ही शिखामणि—ऐसा वचन कहता है,
अपने कूडलसंग के शरणों के
पाद पारस पर विश्वास करो रे!
बुरा न बनो रे मनुज! ॥ 205 ॥

मैं केवल वृत्ति से सैनिक नहीं हूँ,
मैं अपने मालिक के लिए प्राण देनेवाला सेवक हूँ।
हारकर भागनेवाला योद्धा मैं नहीं हूँ,
सुनो, कूडलसंगमदेव!
'मरण' ही महानवमी है ॥ 206 ॥

ज्ञान के बल से अज्ञान का नाश है
ज्योति के बल से अन्धकार का नाश है,
सत्य के बल से असत्य का नाश है,
पारस के बल से लोहत्व का नाश है,
कूडलसंग के शरणों के अनुभाव
के बल से मेरे भव का नाश है, देखो जी॥ 207 ॥

अपने पर क्रोध करनेवालों से आप क्यों क्रोध करें?
इसमें मुझे क्या लाभ होगा? उनकी क्या हानि होगी?
तन का क्रोध अपनी श्रेष्ठता की हानि है,
मन का क्रोध अपने विवेक की हानि है,
घर की आग घर को जला देती है,
न कि पड़ोसी के घर को,
हे कूडलसंगमदेव! ॥ 208 ॥

जब मेरा तन आपका है
तो मेरा कोई और तन नहीं है,
जब मेरा मन आपका है
तो मेरा कोई और मन नहीं है,
जब मेरा धन आपका है
तो मेरा कोई और धन नहीं है,
इस प्रकार ये त्रिविध आपके होने पर
तो मेरा कोई भिन्न विचार होगा कैसे?
हे कूडलसंगमदेव! ॥ 209 ॥

कहता हूँ तन आपका है, कहता हूँ मन आपका है,
कहता हूँ धन आपका है—फिर भी विश्वास नहीं होता,
लिंग को जंगम, जंगम को लिंग कहता हूँ—
फिर भी विश्वास नहीं होता,
यह नहीं जानकर कि पेट भरना धन कमाना
आभूषण पहनना सब आपका है
मैंने व्यर्थ ही अपना नाश कर लिया
हे कूडलसंगमदेव! ॥ 210 ॥

तन देकर गुरु का कारुण्य पाना चाहिए,
मन देकर लिंग का कारुण्य पाना चाहिए,
धन देकर जंगम का कारुण्य पाना चाहिए,
इन तीनों की वंचना कर
उत्सव मानकर स्थावर लिंग की पूजा करनेवालों को
कूडलसंगमदेव कभी नहीं पसन्द करेगा॥ 211 ॥

कहकर कि तन दे दिया, गुरु वचन से दूर हुआ,
कहकर कि मन दे दिया, लिंगमुख से दूर हुआ,
कहकर कि धन दे दिया, जंगममुख से दूर हुआ,
हे कूडलसंगमदेव!
आपके लिए किया कहकर
मैं जो नष्ट हो गया उसकी कोई सीमा नहीं॥ 212 ॥

तन दुखाकर, मन को दर्द दे कर
आपका कारुण्य पानेवाला कोई है क्या?
इतना दुखाने के बाद लिंग पूजा करने से
क्या वह जलाये बिना रहेगा?
हे कूडलसंगमदेव!
शिवभक्तों का दर्द ही लिंग का दर्द है॥ 213 ॥

तन माँगोगे तो दे दूँगा,
मन माँगोगे तो दे दूँगा,
धन माँगोगे तो दे दूँगा,—आपके शरणों को।
यदि स्वयं को चाहने की भावना मन में आई तो
हे महामहिम! आपके चरणों की शपथ।
मनसा वाचा काया—आपके बिना अन्य को
चाहूँ तो भव भयंकर नरक में रखो जी मुझे।
हे कूडलसंगमदेव! ॥ 214 ॥

अपना रति-सुख और भोजन
क्या दूसरों से कराया जा सकता है?
इष्टलिंग की आराधना स्वयं करनी चाहिए,

न कि दूसरों से कराई जा सकती है।
दूसरों से नाम मात्र की आराधना होगी,
वे क्या आपको पहचानेंगे? हे कूडलसंगमदेव! ॥ 215 ॥

पिता तुम्हीं हो, तुम्हीं हो माता
बन्धु तुम्हीं हो, तुम्ही हो बांधव
तेरे सिवा मेरा कोई नहीं है।
हे कूडलसंगमदेव!
चाहो तो डालो पानी में, चाहे तो दूध की दरिया में॥ 216 ॥

पिता के पुत्र को समझाने में
दोषों से रूठना है, न कि पुत्र से,
लिंगवंत के लिंगवंतों को समझाने में
दुर्गुणों से रूठना है न कि सम्प्रदाय से,
लिंगभक्त लिंग पथ को दिखाएगा तो
उससे जलनेवालों को नहीं पसन्द करता
कूडलसंगमदेव! ॥ 217 ॥

ताड़वृक्ष के नीचे एक दूध का मटका है तो
उसे दूध का मटका नहीं कहते
शराब का मटका कहते हैं,
इस भावनिन्दा से छुड़ाइए
हे कूडलसंगमदेव! ॥ 218 ॥

संगीत का ताल और मान की समानता नहीं जानता,
बजाने का तंत्र नहीं जानता,
अमृत गुण देवगण नहीं जानता,
हे कूडलसंगमदेव!
तुमको बुरा न लगे ऐसा,
मैं अपने पसन्द से गाऊँगा॥ 219 ॥

घी की रुचि से तलवार चाटनेवाले
कुत्ते की तरह है मेरी जिन्दगी।
मेरा मन सांसारिकता को छोड़ता नहीं

इस कुत्तेपन से छुटकारा दो जी,
हे कूडलसंगमदेव! यह आपका धर्म है॥ 220 ॥

दासी के गले में स्वर्ण लेपित पीतल
सजाने के समान है
चरित्रहीनों का संग, सत्संगी का संग न होता।
माणिक्य और घुँघची का मेल क्या हो सकता है?
हे कूडलसंगमदेव! ॥ 221 ॥

नदी में नहानेवाले भाइयो
नदी में नहानेवाले स्वामियो
त्याग दो त्याग दो, परनारीसंग त्याग दो
परधन लालसा त्याग दो,
इन्हें त्यागे बिना नदी में नहाने से
व्यर्थ होता है, कूडलसंगमदेव! ॥ 222 ॥

दया रहित धर्म क्या करेगा?
सभी जीवों के प्रति दया दिखानी चाहिए
दया ही धर्म का सार है जी,
कूडलसंगय्या दया रहित को न मानता है॥ 223 ॥

दासी पुत्र हो या वेश्या पुत्र हो
शिवदीक्षा के बाद उसे साक्षात्
शिव समझ, नमस्कार कर, पूजाकर
पादोदक और प्रसाद लेना ही योग्य है,
ऐसा न करके उपेक्षा करनेवालों को
पंचमहापातक नरक ही मिलेगा
हे कूडलसंगमदेव! ॥ 224 ॥

दासोह रूपी तत्त्व को स्वीकार कर
गुरु दर्शन किया, लिंग दर्शन किया,
जंगम दर्शन किया और प्रसाद दर्शन किया
इस प्रकार चतुर्विधों से सम्पन्न हुआ मैं
हे कूडलसंगमदेव! ॥ 225 ॥

सच बोलना, उस सच के अनुसार चलना,
मिथ्याचारी को, बोलकर चूकनेवाले सांसारिक को
कूडलसंगमदेव न मानता॥ 226 ॥

दुर्व्यसनी दुराचारी मत कहलाओ मुझे,
लिंगव्यसनी जंगमप्रेमी कहलाओ मुझे,
'अवश्यमनुभोक्तव्यम्' न कहलाओ मुझे
हे कूडलसंगमदेव!—यह सविनय
प्रार्थना करता हूँ आपसे॥ 227 ॥

किसी दोषी के राज्य देने पर भी
दुराशा से उसके पास मत जाओ
चम्मार शिवभक्त होने पर
उसके साथ सेवक बनकर रहना अच्छा है।
दास बनकर रहना भी अच्छा है।
जंगल से हरे पत्ते लाकर
तवे पर भुन कर उसे खाकर ही सही
मिलकर रहना है
हमारे कूडलसंगमदेव के शरणों के साथ॥ 228 ॥

देव हे देवा सुनो प्रार्थना मेरी
विप्र से अन्त्यज तक
सब शिवभक्तों को समान समझता हूँ।
ब्राह्मण से श्वपच तक
सब भवियों को समान समझता हूँ
इस प्रकार मानता है मन मेरा।
मेरी इस वाणी में रत्तीभर भी यदि सन्देह हो तो
दाँत दिखाई पड़े ऐसा नाक काटो
हे कूडलसंगमदेव! ॥ 229 ॥

देव एक नाम अनेक
परम पतिव्रता का पति एक
अन्य दैव को जो टेके माथा
उसके नाक-कान काटेगा

अनेक देवों की जूठन खानेवालों को
क्या कहूँ हे कूडलसंगमदेव! ॥ 230 ॥

देवलोक - मर्त्यलोक भिन्न नहीं रे भाई!
सत्य कहना ही देवलोक है,
मिथ्या कहना ही मर्त्यलोक,
आचार ही स्वर्ग है अनाचार ही नरक है,
कूडलसंगमदेव! आप ही इसका प्रमाण हैं॥ 231 ॥

देवलोक - मर्त्यलोक क्या भिन्न कहीं है?
इस लोक में फिर अनंतलोक?
शिवलोक है शिवाचार
शिवभक्त का वासस्थान ही देवलोक है,
शिवभक्त का आँगन ही वाराणसी है
शिवभक्त का काया ही कैलास है
यही सत्य है हे कूडलसंगमदेव! ॥ 232 ॥

देवभाववाले भक्त घर आए
तो यदि उनके कायक के बारे में पूछूँ तो
आपकी कसम आपके पुरातन शरणों की कसम
सिर कट जाय, सिर कट जाए हे कूडलसंगमदेव!
भक्तों में यदि जाति देखता हूँ तो
आपकी रानी की कसम! ॥ 233 ॥

धन में शुचित्व, प्राण में निर्भयता
यह किसको सम्भव है?
गुप्तधन अकस्मात् मिलता है तो नकारनेवाले नहीं हैं।
भूल से मिलता है तो
ऐसा कोई नहीं कहते कि असत्य नहीं कहूँगा,
आशा रहित, भय रहित रहना आपके कृपापात्र
शरणों से ही सम्भव है जी
हे कूडलसंगमदेव! ॥ 234 ॥

धरती पर एक बड़ी दुकान खोलकर
हमारे महादेवशट्टी एक व्यापारी बन बैठा है,

एक मन होता है तो तुरन्त बोलता है
दुविधा में मन होता है तो बोलता नहीं है
रत्ती भर घाटा नहीं उठाता न आधी रत्ती लाभ ही
बड़ा चतुर है देखो जी!
हमारा कूडलसंगमदेव! ॥ 235 ॥

धैर्य खोकर दूसरों से न माँग सकूँ
मतिहीन होकर दूसरों की प्रशंसा न कर सकूँ
परसती संग के लिए मन न कर सकूँ
जो शिवपथ के नहीं उनके साथ स्नेह न कर सकूँ
अन्य पथी का संग न कर सकूँ
ऐसी आज्ञा दो कि पालन करूँ
हे कूडलसंगमदेव! ॥ 236 ॥

यदि मैं कहूँ कि—
विश्वास करता हूँ, प्यार करता हूँ,
शरण में आ गया हूँ,
तो तन को झकझोर कर देखोगे तुम,
मन को झकझोर कर देखोगे तुम,
धन को झकझोर कर देखोगे तुम,
इससे न डरूँ तो
तुम भक्ति कम्पित हो,
कूडलसंगमदेव! ॥ 237 ॥

चेन्नय्या की करनी सुन्दर, चेन्नय्या की कथनी सुन्दर
जहाँ देखो वहाँ सुन्दर ही!
प्रमथ गणों में चेन्नय्या सुन्दर, पुरातन शरणों में चेन्नय्या सुन्दर
चखकर मांड रुचिकर है समझ
कूडलसंगमदेव के लिए चाहिए कह
हाथ हटाया हमारे चेन्नय्या ने॥ 238 ॥

चेन्नय्या अच्छी करनी कथनी द्वारा दिखाकर
कथनी अच्छी करनी द्वारा दिखाकर
उस कथनी-करनी दोनों के सौन्दर्य को शिव आपमें रखकर

आप जो परिपूर्ण हुए ऐसे शरण के
थूक पात्र को ढोता हूँ, पादरक्षा को पकड़ता हूँ
मेरे लिए यही अच्छा कार्य है, यही मेरी इच्छा का कार्य है
कूडलसंगमदेव! यही आपसे मिलने की रीति है॥ 239 ॥

न प्यार है न विश्वास है—यों ही पुकारते हैं,
इस संसार के लोगों को विश्वास करना आता ही नहीं है,
विश्वास से पुकारो तो आएगा नहीं क्या शिवजी?
बिना प्यार और विश्वास से पुकारनेवालों को
बताओ कि अहंकार को मिटाकर पुकारो,
हे कूडलसंगमदेव! ॥ 240 ॥

विश्वास करनेवाली पत्नी का
पति एक ही होता है देखो जी,
विश्वास करनेवाले भक्त का
देव एक ही होता है देखो जी,
नहीं नहीं अन्य दैव का संग अच्छा नहीं
नहीं नहीं परदैव का संग अच्छा नहीं
नहीं नहीं अन्य दैव पर विश्वास तो व्यभिचार है देखो जी,
कूडलसंगमदेव देखेगा तो
नाक काटकर रखता है देखो जी॥ 241 ॥

नयनों का भोग जंगम को चढ़ाऊँगा
श्रोत्र का भोग जंगम को चढ़ाऊँगा
घ्राण का भोग जंगम को चढ़ाऊँगा
जिह्वा का भोग जंगम को चढ़ाऊँगा
स्पर्श का भोग जंगम को चढ़ाऊँगा
अतिशय प्रेम से संतृप्त होकर
सब वस्तुएँ समर्पित कर दूँगा
हे कूडलसंगमदेव! आपके शरणों को॥ 242 ॥

अर्जुन धनुष-बाण छोड़ने पर भी हे शिव!
उससे आप प्रसन्न हुए।
पुष्प बाण का प्रयोग करने पर

उस कामदेव को अदेही बनाकर बचाया
दिन-रात आघात करनेवाले कण्णप्पा को
आप कैलास ले गए।
उन सब पर प्रसन्न होनेवाले आप
मुझ पर क्यों करुणा न दिखाते?
हे कूडलसंगमदेव! ॥ 243 ॥

मनुष्य रूपी इस जंगल में मुझे साधारण
तोता बनाकर रक्षा करो जी
और 'शिव शिव' नाम पाठ मुझसे रटवाओ जी।
भक्ति रूपी पिंजरे में मुझे रखकर
पालो जी, हे कूडलसंगमदेव! ॥ 244 ॥

कपोल पर सफेद बाल निकलने से पहले
चेहरे पर झुर्रियाँ आ जाने से पहले
तन का पंजर चरमरा जाने से पहले
दाँत टूटने, पीठ झुकने से पहले
औरों पर निर्भर होने से पहले
घुटनों पर हाथ टेकने से पहले
हाथों में लाठी पकड़ चलने की दशा से पहले
वृद्धावस्था से जर्जर होने से पहले
मृत्यु की छाया पड़ने से पहले
पूजो कूडलसंगमदेव को॥ 245 ॥

शिव को नादप्रिय कहते हैं
शिवजी नादप्रिय नहीं हैं,
शिव को वेदप्रिय कहते हैं
शिवजी वेदप्रिय नहीं हैं,
वीणावादक रावण की आधी उम्र हो गई
वेद पढ़े ब्रह्मा का सिर कट गया
हमारा कूडलसंगमदेव
न नादप्रिय हैं न ही वेदप्रिय हैं;
शिव तो भक्तिप्रिय हैं! ॥ 246 ॥

मैं कृषि करता हूँ तो गुरु पूजा के लिए
मैं व्यापार-व्यवहार करता हूँ तो लिंगपूजा के लिए
मैं परसेवा करता हूँ तो जंगम दासोह के लिए
मैं जो भी कार्य करता हूँ उसका फल
आप मुझे देंगे अवश्य यह विश्वास है मेरा।
आपका दिया हुआ धन आपके लिए
व्यय करूँगा न कि औरों के लिए
आपकी निधि आपको ही दूँगा
आपकी शपथ हे कूडलसंगमदेव! ॥ 247 ॥

जीभ की रुचि के लिए मन ही साक्षी है, ठीक है न?
कली क्या माली की अनुमति से खिलती है?
आगम का प्रमाण मानना क्या ठीक है?
हमारे कूडलसंगय्या से सामरस्य की कला
प्रदर्शन करना क्या ठीक है? ॥ 248 ॥

कल जो होना है आज ही हो जाय।
आज जो होना है अभी हो जाय।
इसके लिए कौन भयभीत होते हैं?
इसके लिए कौन दुखी होते हैं?
'जातस्य मरणं ध्रुवं' कहा गया है, इसलिए
हमारे कूडलसंगमदेव का लिखा हुआ
विधि लेखा हरिब्रह्मादि भी मिटा नहीं सकते॥ 249 ॥

एक निन्दक है, दूसरा प्रशंसक है
ये दोनों हमारे शिवयोगी के परम बन्धु हैं,
एक पाप को ले जाता है, दूसरा पुण्य को ले जाता है।
कूडलसंगमदेव! आपके शरण नित्य-मुक्त हैं॥ 250 ॥

निमिषार्ध निमिष में है, क्षण में क्षणार्ध है
एक पलक झपकने से भी कम क्षण है
इस संसार का आना-जाना सबका व्यवहार
उस क्षणार्ध में है।
यह संसार कूडलसंगम की माया है, मेघच्छाया है॥ 251 ॥

आपको पहचान न पाने से हाथों में दूर्वा
आपको नमस्कार न करने से गले में जनेऊ
निचोड़ना क्यों, धोना क्यों?
जल में डुबकियाँ लगाकर नाक पकड़ना क्यों?
कूडलसंगय्या के शरणों में डोहार कक्कय्या ने
किस तीर्थ जल में नहाया था? ॥ 252 ॥

आपके दर्शन में अनंत सुख है
आपके सामरस्य में परम सुख है
साढ़े तीन कोटि रोमकूप को
आँखें बनाकर निरख रहा हूँ
हे कूडलसंगमदेव! आपको देख देखकर
मन में प्रेम अंकुरित होने से रति कलाएँ जागृत हुईं॥ 253 ॥

आपके शरणों की चर्म पादुकाओं के लिए
यह पृथ्वी से सम नहीं।
सम नहीं है देखो
हे कूडलसंगमदेव!। आपके शरणों की चर्मपादुका के लिए॥ 254 ॥

निष्ठापूर्ण भक्ति से लिंग पूजा करके
अन्य पथों का ज्ञान न रखने से शरण
साँप की फन-मणि की तरह शुशोभित हैं,
दर्पण में स्थित प्रतिबिम्ब की तरह स्थिर हैं,
हे कूडलसंगमदेव! आपके शरण॥ 255 ॥

आप प्रसन्न हो तो ठूँठ में निकलेगा अंकुर
आप प्रसन्न हो तो बाँझ गाय बन जाएगी दुधारू।
आप प्रसन्न हो तो विष सब अमृत बन जाएगा
आप प्रसन्न हो तो सब कुछ
सम्मुख प्राप्त हो जाएँगे कूडलसंगमदेव! ॥ 256 ॥

जल देखते ही डुबकी लगाते हैं
वृक्ष देखते ही परिक्रमा करते हैं
सूखते जल और सूखते वृक्ष को

पसन्द करनेवाले आपको कैसे जानेंगे?
हे कूडलसंगमदेव! ॥ 257 ॥

पानी के बुदबुद को
लोहे का कवच पहनाकर
रक्षित करने की आतुरता देखो।
उसके बदले हे मानव! महादानी कूडलसंगय्या की
कर पूजा जीवो, काय की स्थिरता की ओर न देखो॥ 258 ॥

जल का शृंगार है कमल
सागर का शृंगार है वीची
नारी का शृंगार है सद्‌गुण
नभ का शृंगार है चन्द्रमा
हमारे कूडलसंगम के शरणों के माथे
का शृंगार है विभूति॥ 259 ॥

बोले तो मोती की माला जैसा हो,
बोले तो माणिक की आभा जैसा हो,
बोले तो स्फटिक की किरण जैसा हो
बोले तो लिंग प्रसन्न हो 'अच्छा अच्छा' कहे
बोले जैसा आचरण न हो तो
कूडलसंगमदेव कैसे रीझेगा? ॥ 260 ॥

कथनी में सतर्क रहकर करनी में चूके तो
हथेली पर स्थित लिंग विषैला सर्प बनेगा।
न कथनी आसान है, न करनी आसान है
इसके लिए लिंगदेव ही प्रमाण है,
जैसे गरीब का क्रोध उसकी दाढ़ को घातक है
उससे बेड़ा पार नहीं रे, हे कूडलसंगमदेव! ॥ 261 ॥

सैकड़ों ग्रन्थ पढ़ने सुनने से क्या होता है?
चाह नहीं छूटती, रोष नहीं छूटता,
मूर्ति के लिए अभिषेक करने से क्या होता है?

जिनकी कथनी करनी में मेल नहीं
ऐसे आजन्म पाखंडियों को देख हँस पड़ेंगे
हमारे कूडलसंगमदेव! ॥ 262 ॥

थल एक ही अछूतों की बस्ती और शिवालय का
जल एक ही शौच और आचमन का
कुल एक ही अपने आपको जाननेवाले की
फल एक ही षड्दर्शन मुक्ति का
दृष्टिकोण एक ही हे कूडलसंगमदेव
आपको पहचाननेवालों के लिए॥ 263 ॥

धान के खेत में मैं एक घास
बनकर जन्मा हूँ जी,
मैं अपने को भक्त कहूँ क्या?
मैं अपने को योग्य कहूँ क्या?
मैं कूडलसंग के शरणों का उच्छिष्ट
खाऊँ तो पादुकाओं की बराबरी कर सकता हूँ क्या? ॥ 264 ॥

काम दृष्टि से न देखना, न बोलना चाहिए
परस्त्री से
भेड़ के पीछे पड़नेवाले कुत्ते की तरह,
न भागो रे! परस्त्री मोह के कारण
हजार वर्ष नरक में डुबोएगा कूडलसंगमदेव! ॥ 265 ॥

निष्ठुर न्याय का पक्षपाती हूँ;
किसी के दाक्षिण्य को मानता नहीं हूँ।
लोकविरोधी हो सकता है परन्तु
शरण किसी से भयभीत नहीं;
क्योंकि शरण कूडलसंगमदेव के राजतेज में रहता है॥ 266 ॥

राज्याभिषेक होने पर, क्या उसकी जन्मपत्री देखी जाती है?
लिंग पूजा करने पर, क्या जाति देखी जाती है जी?
कूडलसंगमदेव ने कहा कि भक्त काय मम काय है॥ 267 ॥

दूसरों की चिन्ता हमें क्यों? हमारी चिन्ता क्या काफी नहीं है?
कूडलसंगय्या कृपा दिखाएगा या नहीं?
यही चिन्ता बिछाने-ओढ़ने के लिए पर्याप्त है ॥ 268 ॥

पापी का धन प्रायश्चित्त के लिए होता है
न कि सत्कार्य के लिए
कुतिया का दूध पिल्ले के लिए होता है
न कि पंचामृत के लिए,
हमारे कूडलसंगम के शरणों को छोड़
औरों पर खर्च किया धन व्यर्थ है ॥ 269 ॥

पाप-पुण्य तो अपने-अपने इष्ट है, देखिए।
आदर से 'जीया' कहो तो स्वर्ग है,
अनादर से कहो तो नरक है।
देवा, भक्त, जय हो, जीया जैसे सम्बोधनों में
कैलास है, हे कूडलसंगमदेव! ॥ 270 ॥

जो आता है उसे स्वीकारना ही व्रत है।
कपटभाव नहीं दिखाना ही व्रत है।
आचरण में न चूके तो व्रत है।
बोलकर न बोला न कहे तो व्रत है।
हमारे कूडलसंगय्या के शरण आते हैं तो
उनकी वस्तु उन्हीं को सौंप देना ही व्रत है ॥ 271 ॥

राजा आकर रहे तो
क्या उसका नाम अछूत बस्ती ही रहेगा?
लिंगनिष्ठों के घर को कैलास ही समझना चाहिए।
चांडालवाटिकायाम् शिवभक्तः स्थितो यदि।
तत्श्रेणीः शिवलोकस्य तद्गृहं शिवमन्दिरम् ॥
इसलिए इस जीवन में ढोंगियों की बात मत मानो;
कूडलसंगमदेव जहाँ है वही कैलास है ॥ 272 ॥

हे देव, आने की बात कर, न आने से
प्रतीक्षा कर रहा था।

अब किसे भेज दूँ? किसे भेज दूँ?
और किसके पैर पकड़ूँ।
कूडलसंगय्या के शरण न आए तो
मैं अपने प्राण को ही बुलाने भेज दूँगा॥ 273 ॥

नाली का पानी साफ हो तो क्या होगा?
खोटा सिक्का वह कहीं भी हो तो क्या होगा?
आकाश में आम हो तो क्या है?
उसे न तोड़ सकते न खा सकते?
कूडलसंगय्या के शरणों का अनुभाव जिनको नहीं,
वह कहीं भी रहे? कैसे भी रहे तो क्या? ॥ 274 ॥

बेचारा जानवर सांसारिक मोह रूपी कीचड़ में फँस जाए तो
तड़पते पैर मारे बिना अन्य मार्ग कहाँ?
शिव हे, शिव! मैं डूब रहा हूँ। डूब रहा हूँ।
आप ही आकर अपने हृदय में मुझे जगह दीजिए।
मैं पशु हूँ, आप पशुपति हैं,
मैं चोर हूँ समझ पीटने से पहले
हे स्वामी! ऐसा करो कि कोई दोष आपको न लगे और
आपकी कोई निन्दा न करे।
हे कूडलसंगमदेव! ॥ 275 ॥

बेचारा ब्राह्मण जितना भी बड़ा भक्त हो पर
जनेऊ की कृपा से मुक्त नहीं,
माली जितना भी बड़ा भक्त हो फिर भी
कुएँ के बोम्म आदि देवताओं की कृपा से मुक्त नहीं,
बनिया जितना भी बड़ा भक्त हो फिर भी
तराजू-पत्थर की कृपा से मुक्त नहीं,
कांसागर जितना भी बड़ा भक्त हो पर
कालिका देवी की कृपा से मुक्त नहीं,
मैं उसकी कृपा में नहीं हूँ,
आपके शरणों की कृपा में हूँ।
हे कूडलसंगमदेव! ॥ 276 ॥

धीरे-धीरे भक्ति घटती जाती देखो भाई।
पहले दिन माथा टेकते हैं, दूसरे दिन हाथ जोड़ते हैं,
तीसरे दिन झपकी लेते हैं देखो भाई,
दृढ़ भक्ति का व्रत-नियम न तोड़ो तो
हाथ पकड़कर पार लगाता है, वरना
बीच पानी में डुबोता है,
हे कूडलसंगमदेव! ॥ 277 ॥

बलि की भूमि, कर्ण का कवच,
खचर की अस्थि, शिबी का मांस
व्यर्थ हो गया न!
शिवभक्तिमतिक्रम्य यद्दानं च विधीयते।
निष्फलं तु भवेद्दानं रौरवं नरकं व्रजेत्॥
ऐसा कहा गया है, इसलिए—
कूडलसंग के शरणों को न समझकर
केवल यशोकामना से करनेवालों
का धन व्यर्थ हो गया न! ॥ 278 ॥

जाल में फँसा मृग जैसे बन गया हूँ
माँ से बिछुड़े हिरन की तरह मैं हर दिशा
में गिड़गिड़ा रहा हूँ;
मैं किसके पास जाऊँ! माता पिता आप हैं।
भाई-बन्धु सभी आप ही हैं, हे कूडलसंगमदेव! ॥ 279 ॥

बलवान के साथ युद्ध होगा
तो जीता भी जा सकता है, हारा भी जा सकता है,
युद्ध भूमि में प्रतिज्ञा पूर्ण होती है,
हमारे कूडलसंगम के शरणों के लिए
धन खर्च कर गरीब हो गया तो
वह भक्त उस लिंग के लिए पूज्य है॥ 280 ॥

"बसवा आओ। बताओ कि मर्त्यलोक में
क्या कोई भक्त हैं?"
"कोई नहीं, कोई नहीं और कोई नहीं,

मैं ही एक भक्त हूँ, मर्त्यलोक के
सभी भक्त जंगम हैं और आप ही
लिंग हैं" ' कूडलसंगमदेव! ॥ 281 ॥

पेट भरने के लिए
रंग डालकर जामुन बेचने की तरह
मृत्यु से, गरीबी से डरकर
आपके शरण में आया हूँ जी
झूठ किसे कहूँ? छोटा किसे कहूँ?
यह आप ही जानते हैं जी,
हे कूडलसंगमदेव!
मैं पेट भरनेवाला मात्र हूँ॥ 282 ॥

बीज बोया गया, फसल काटी गई
घोंसला टूट गया, घास का ढ़ेर बन गया
पछोरकर राशि बनाई गई, धान मापने का पात्र भर गया
हे कूडलसंगमदेव!
खलिहान के बीच गड़ा खम्भा उखड़ गया और
खलिहान नष्ट हो गया॥ 283 ॥

सफेद दूर्वा, कनेर का पत्ता, नदी किनारे से
बालू लाकर गौरी-व्रत करने आइए
छोटी छोटी कन्याएँ सब मिलकर
अनुपमदानी कूडलसंगमदेव को
पति के रूप में पाए॥ 284 ॥

पहाड़ के पत्थर का
मटके के साथ खेलना
जातिहीन जाति के साथ मिलने की तरह हो गया।
उसी तरह कुसंग का संग करे तो नष्ट होना ही पड़ता है
हे कूडलसंगमदेव! ॥ 285 ॥

डराता है संगय्या, अचरज में डालता है संगय्या,
अचरज से दूर करता भी है संगय्या,

प्यार दिखाते हैं तो प्यार दिखानेवाला संगय्या है,
कष्ट देनेवाला भी संगय्या है
विरोधियों के हाथों सतानेवाला भी वही है,
भीतर-बाहर दबाव डालनेवाला भी संगय्या है
हे कूडलसंगमदेव!
मडिवाळ (धोबी) माचिदेवय्या की कृपा
मुझ पर होने तक मैं डरनेवाला नहीं हूँ॥ 286 ॥

गुड़ खाये बन्दर की तरह
मीठे स्वाद का स्मरण न करो हे मन,
ईख खाये सियार की तरह
मुड़ मुड़ के न देख रे हे मन,
आकाश में उड़ते कौवे की तरह
दिशा दिशा में न भटको मन,
कूडलसंग के शरणों को लिंग ही समझो मन॥ 287 ॥

उपजाऊ भूमि में
प्रलय रूपी कचरा पैदा हो गया है
न सोचने देता है न सतर्क करने देता है
मेरे अवगुण रूपी कचरे को उखाड़ फेंककर
मेरी रक्षा करो जी हे लिंगपिता!
हरी-भरी फसल के रूप में बढ़ूँगा
हे कूडलसंगमदेव! ॥ 288 ॥

दूसरे गाँव से आए जंगम को लिंग मानकर
घर के जंगम की उपेक्षा करने से
मैं दुखी हुआ।
मैं जो दुखाग्नि में जल गया उसे समझेंगे नहीं कोई
हे कूडलसंगमदेव! ॥ 289 ॥

नीम का बीज बो कर
गुड़ का बाँध बाँध कर
गाय का दूध सींच कर
शहद के साथ मिलाने पर भी

क्या स्वादिष्ट होगा कड़वाहट के बिना?
जो शिवभक्त नहीं है
उनके साथ संवाद सम्भव
नहीं रे, हे कूडलसंगमदेव! ॥ 290 ॥

मुझे न ब्रह्म पद चाहिए,
मुझे न विष्णु पद चाहिए,
न रुद्र पद चाहिए मुझे।
मुझे और कोई भी पद नहीं चाहिए
हे कूडलसंगमदेव! मुझे आपके
सद्भक्तों के चरणदर्शन का महापद
दे दीजिए॥ 291 ॥

भक्त दैहिक बनकर, देव सद्भक्तों के पास जब आते हैं,
मालिक के आने पर नौकर को पलंग पर बैठना
क्या अच्छा लगता है?
कहो जी हे कूडलसंगमदेव!
जंगम के रूप में संगय्या कभी भी आ सकता है,
इसलिए मैं कभी भी पलंग पर चढ़ता नहीं,
यह मेरी प्रतिज्ञा है॥ 292 ॥

उसे भक्त कैसे कहूँ? यदि वह भवि का संग त्यागेगा नहीं,
उसे माहेश्वर कैसे कहूँ? यदि वह परस्त्री-परधन का लालच
त्याग करता नहीं,
उसे प्रसादी कैसे कहूँ? यदि वह आधि व्याधि को
नष्ट करता नहीं,
उसे प्राणलिंगी कैसे कहूँ? यदि वह प्राण स्वस्थिर न हो तो,
उसे शरण कैसे कहूँ? यदि वह पंचेद्रिय का नाश कर लेता नहीं,
उसे ऐक्य कैसे कहूँ? यदि वह जन्म-मृत्यु विरहित होता नहीं,
ऐसी भाषा, व्रत, नियम मैं नहीं जानता स्वामी
अघटित घटित समाचार आदि मैं नहीं जानता
मैं आपके शरणों का दास बनकर भृत्याचार
करता हूँ, हे कूडलसंगमदेव! ॥ 293 ॥

भक्त यदि भक्त के घर आता है
तो भृत्याचार करना चाहिए,
बदले में आए को कर्ता समझकर चरणाभिषेक करा लेने से
पहले अर्जित भक्ति की हानि होगी।
लाखों मील चलकर
भक्त का भक्त से दर्शन करना
ही सदाचार है। उसके साथ मिलकर
दासोह करेंगे तो
कूडलसंगम स्वयं भी मिल जाएँगे॥ 294 ॥

भक्त, माहेश्वर, प्रसादी, प्राणलिंगी, शरण, ऐक्य स्थल तक
धीरे-धीरे पहुँच गया कहूँ कैसे? क्या मैं वज्रदेही हूँ?
क्या मैंने अमृत पान किया है?
क्या मेरे पास संजीवनी है?
मेरी वाणी में षट्स्थल का साक्षात्कार होकर
यदि मेरे मन में व्याप्त नहीं होता तो
मैं इस शरीर को ही भस्म कर दूँगा
हे कूडलसंगमदेव! ॥ 295 ॥

भक्त को देखते ही—सिर मुड़ाकर झुक जाते हो,
जिन मुनि को देखते ही—दिगम्बर होते हैं,
ब्राह्मणों को देखते ही—हरिनाम जपते हो,
जैसे भक्तों को देखते हो वैसा बननेवाले
जारजों का मुँह न दिखाओ मुझे,
कूडलसंगय्या की पूजा कर, अन्य देवों
को नमस्कार करके भक्त कहलानेवाले
अज्ञानियों को मैं क्या कहूँ? ॥ 296 ॥

भक्त ही समर्थ है। उन्हें असमर्थ कहा जा सकता है क्या?
चेन्नय्या कहाँ? राजा चोळ कहाँ?
चेन्नय्या के साथ शिव ने सह भोजन किया था।
चेन्नय्या तो चोळराजा के यहाँ घास
लाने का कायक करता था।
कूडलसंगमदेव तो भक्ति व्यसनी है॥ 297 ॥

भक्तिहीन गरीब मैं हूँ
कक्कय्या के घर में भी माँगा,
चेन्नय्या के घर में भी माँगा,
दासय्या के घर में भी माँगा,
सभी पुरातन शरण मिलकर
भक्ति भिक्षा देने लगे तो मेरा कटोरा भर गया
हे कूडलसंगमदेव! ॥ 298 ॥

भक्ति रूपी पृथ्वी पर
गुरु रूपी बीज अंकुरित हुआ,
लिंगरूपी पत्ता निकल आया,
लिंगरूपी पत्ते पर, विचार रूपी सुमन खिला,
आचार रूपी कच्चा फल निकल आया,
निष्पत्ति रूपी फल पक गया,
निष्पत्ति रूपी पका फल जब नीचे गिरने लगा
तो उसे कूडलसंगमदेव ने
अपने लिए चाहिए कहकर उठा लिया॥ 299 ॥

भक्तिमार्ग आसान नहीं रे भाई,
आरे की भाँति वह आते-जाते काटा करता है,
घटसर्प पर हाथ डालेंगे तो
डसे बिना क्या वह छोड़ेगा?
कूडलसंगमदेव! ॥ 300 ॥

भक्ति-रती रूपी विवाह में
कनेर पत्तों की अँगूठी पहन कर
मोगरा फूलों का परदा बनाकर,
गुलदाउदी का बन्दनवार बनाकर
सभी जाति के सुमन बारात में आइए!
मेरे और कूडलसंगमदेव के बीच विवाह है! ॥ 301 ॥

भक्ति के प्रतिज्ञा वाक्य बोलता हूँ
जैसा बोलता हूँ वैसा चलता हूँ, करनी में
कथनी की आपूर्ति करता हूँ;

कथनी और करनी को तोलने का
तराजू आपके हाथ में है
इसमें बाल भर भी चूकता हूँ तो
मुझे डुबोकर
तुम उठकर चले जाओ,
हे कूडलसंगमदेव! ॥ 302 ॥

भक्तिहीन के घर में दासोह सद्भक्त
कभी स्वीकार करेंगे नहीं,
नीम का फल कौए को अच्छा लगता है
न कि कोयल को,
जो लिंगसम्बन्धी नहीं उनकी वाणी
कूडलसंगमदेव के शरणों को
कभी भी अच्छी नहीं लगती है ॥ 303 ॥

हर भवलोक में यदि भक्त बन सकूँ तो
वह भवलोक ही बेहतर है
लिंगाराधना, जंगमानुभव
प्रतिदिन यहाँ रखता है परमसुखी
सदैव मैं यही चाहता हूँ,
कृपा कीजिए, हे कूडलसंगमदेव! ॥ 304 ॥

दीवार के बिना क्या चित्र खींचा जा सकता है?
धरती के बिना क्या अनाज उगाया जा सकता है?
जंगम के बिना क्या लिंगार्चन हो सकता है?
जीवन के बिना क्या रूढ़ीश्वर शिव को समझ सकते हैं?
अव्यक्त कूडलसंगमदेव जंगममुखी होने से
अन्य मैं कुछ नहीं जानता हूँ ॥ 305 ॥

भूमि में जो निक्षेप निधि है उसे
कोई अंजन दृष्टि वाले दिखा दें
भयभीत न हो मन में, सन्देह न करो
जंगम में लिंगदेव होने का विश्वास हो तो,
दिखाई पड़ेगा कूडलसंगम ॥ 306 ॥

भेरुंड पक्षी का तन एक है
उसके दो सिरों के बीच परदा बाँधकर
एक सिर में दूध और दूसरे में विष
डालोगे तो एक देह होने से
विषैली नहीं होगी क्या सारी देह?
लिंग की पूजा कर जंगम की निन्दा करने से
मैं दुखी हुआ देखो जी, कूडलसंगमदेव! ॥ 307 ॥

सिर मुड़ाकर पुरुष सेवक बनकर सेवा करूँगा
लज्जाहीन होकर भी लिंगार्चन करूँगा
संकोच छोड़कर लिंगार्चन करूँगा
दूसरे गृहस्थ हँसते हैं-तो भी
हे कूडलसंगमदेव! मैं शरणागत होता हूँ॥ 308 ॥

घड़ा देव, सूप देव,
गलियारे का पत्थर देव,
कंघी देव, धनुष की डोरी देव
माप का पात्र देव, मटकी देव,
इतने सारे देवमूर्ति हैं कि पैर रखने की जगह नहीं।
कूडलसंगमदेव है मात्र एको देव॥ 309 ॥

घड़ा बनाना है, तो पहले मिट्‌टी चाहिए,
गहना बनाना है, तो पहले सोना चाहिए,
शिवपथ जानना है, तो पहले गुरुपथ चाहिए,
कूडलसंगमदेव को जानना है तो
पहले शरणों का सत्संग चाहिए॥ 310 ॥

मिट्‌टी का घड़ा फिर से अपने मूल रूप
नष्ट कर मिट्‌टी नहीं बन सकता,
माखन पिघल कर घृत होने के बाद
फिर से माखन नहीं बन सकता।
स्वर्ण फिर से लोहा नहीं बन सकता,
मोती पानी में जन्म लेकर भी

फिर से पानी नहीं बन सकता।
कूडलसंगमदेव के शरण होने के बाद
मानव फिर से सांसारिक नहीं बन सकता॥ 311 ॥

मन ही साँप है, तन सँपेरे की टोकरी;
साँप के साथ स्नेह सम्बन्ध है;
पता नहीं कब प्राणहरण करेगा,
पता नहीं कब काट खाएगा, इसलिए
प्रतिदिन आपकी पूजा करे तो
वही सँपेरा का मंत्र है—हे कूडलसंगमदेव! ॥ 312 ॥

घर देखो निर्धन लगते हैं,
मगर मन देखो तो धनवान लगते हैं,
अँगना के स्पर्श पर भी जो शुद्ध है,
वह सर्वेंद्रिय जित् है।
संग्रह को मौका नहीं तत्काल जो है उतना ही।
कूडलसंग के शरण स्वतंत्र हैं और धीर भी हैं॥ 313 ॥

घर में घर का मालिक है कि नहीं?
देहली पर घास उगी है, घर में धूल भरी है,
घर में घर का मालिक है कि नहीं?
तन में भरा है खोखलापन, मन में विषय विकार,
मन में मन का मालिक है कि नहीं?
नहीं है—हे कूडलसंगमदेव! ॥ 314 ॥

वृक्ष का मुँह जड़ होता है, इसलिए
जड़ में पानी सींचने से ऊपर वृक्ष पल्लवित होता है,
वैसे ही लिंग का मुँह जंगम समझकर,
जंगम को सब कुछ दासोह करने से
सकल सत्फल की प्राप्ति होती है।
उस जंगम को जो शिव रूपी है उसे
नर समझोगे तो नरक अवश्य मिलेगा।
हे कूडलसंगमदेव! ॥ 315 ॥

वृक्ष की छाया में खड़े होकर
क्या स्वयं अपनी छाया ढूँढ़ी जा सकती है?
आपके शरणों के सम्मुख मैं कहाँ का भक्त हूँ जी?
आपके शरणों के सम्मुख मैं कहाँ योग्य हूँ जी?
मैं अपने को भक्त कहूँ तो,
क्या यह वाणी मुझे जला नहीं देगी?
हे कूडलसंगमदेव! ॥ 316 ॥

वृक्ष पर चढ़े बन्दर की तरह
डाली डाली पर छलाँग मारता रहा हूँ,
इस चंचल मन पर विश्वास करूँ कैसे?
उसका क्या भरोसा?
मेरे पिता कूडलसंगमदेव के पास
यह चंचल मन जाने ही नहीं देता॥ 317 ॥

वृक्ष से फूल तोड़कर फिर से वृक्ष को चढ़ाकर
नदी का पानी नदी को अर्पित कर पूजा कर
बछड़े को दूर कर, गाय को कष्ट देकर
उस गाय से दूध दुहकर न पीओ रे!
कूडलसंगमदेव की माया ने
सभी के मुँह पर मार दिया॥ 318 ॥

वृक्षों के बीच मंथन से अग्नि निकलती है,
तो इससे वृक्ष क्या जलेंगे नहीं?
महानुभावियों के सत्संग से ज्ञानाग्नि निकलती है,
वह अग्नि मेरे तन के गुणों को जलाएगी नहीं क्या?
इसलिए, ऐसे महानुभावियों के दर्शन कराओ जी,
हे कूडलसंगमदेव! ॥ 319 ॥

मर्त्यलोक तो सृष्टि कर्ता की टकसाल है
यहाँ जो योग्य हैं, वहाँ भी योग्य होंगे जी,
यहाँ जो योग्य नहीं हैं, वहाँ भी योग्य नहीं ही रहेंगे।
हे कूडलसंगमदेव! ॥ 320 ॥

काले को लाख घिसने से
क्या वह सफेद होगा?
कर्मस्थिति पीछा नहीं छोड़ती।
अनंतकोटि सम्मान करने से क्या होगा?
क्षणमात्र की उपेक्षा सब कुछ नाश कर देती है,
हे कूडलसंगमदेव!
आप पर विश्वास करके भी,
उसमें दृढ़ता न रखनेवाला ढोंगी हूँ मैं॥ 321 ॥

'मैंने किया' यह भाव यदि मन में भर जाएगा
तो शिव का शासन सताएगा
इसलिए न कहो कि लिंग की पूजा की,
न कहो कि जंगम की सेवा की,
'मैंने किया' यह अहंभाव यदि मन में नहीं है तो
जो माँगोगे वह देता है कूडलसंगमदेव! ॥ 322 ॥

क्रिया के रूप में, देने के रूप में लिंग की पूजा की
ऐसा कहनेवाले भाइयो, सुनो,
मन्दिर के बाहर जूते छोड़कर
अन्दर नमस्कार करने जानेवालों की तरह
अपने जूते का ध्यान करेंगे न कि भगवान का,
धन का संग्रह न करो,
संग्रह करोगे तो भव में आना न चूकेगा!
इसलिए कूडलसंगय्या के शरणों के लिए
धन व्यय करना ही चाहिए॥ 323 ॥

बेमन से करने पर नष्ट हो गए।
सत्पात्र को न देने से नष्ट हो गए।
करने में, देने में प्रामाणिकता हो तो
कूडलसंगमदेव समा जाएगा॥ 324 ॥

ऐसा रहना चाहिए कि करने का भाव हो
ऐसा रहना चाहिए कि करने पर भी करने का न भाव हो।
करने के भाव में निर्लिप्त रहना चाहिए।

कूडलसंगमदेव का स्मरण करते करते
स्मरण न कर रहा हो, ऐसा रहना चाहिए॥ 325 ॥

भक्त की काया
केले के तने जैसा होना चाहिए।
धीरे धीरे केले के तने के परत को खोलकर देखो तो
अन्दर घनत्व रहित होना चाहिए।
उस फल को हमारे शरण
बीज सहित निगल गए।
मेरा पुनर्जन्म नहीं है, कूडलसंगमदेव! ॥ 326 ॥

पूर्वजों की बात के अनुसार तुम्हें हत्या करनेवालों के सामने
बकरा रोवो रे!
वेद के पंडितों के सम्मुख रोवो रे,
शास्त्र सुननेवालों के सम्मुख रोवो रे,
तुम्हारे रोने पर खूब आड़े हाथों लेंगे
हमारे, कूडलसंगमदेव! ॥ 327 ॥

मारि देवी का व्रत करके गले में बाँधते हैं
कर्जा चुकाने के लिए उसे ही बेच देते हैं।
कर्जा चुकाने के लिए उसी को गिरवी रखकर
उसी से पेट भरते हैं।
हमारे कूडलसंगमदेव को
न बेचा जा सकता है, न गिरवी रखना सम्भव है॥ 328 ॥

मारि देवी या मसणी कुछ नहीं जानो रे!
मारि देवी क्या है?
आँखें चुराकर देखना ही मारि है,
दिया वचन भंग हो जाए तो वही मारि है।
हमारे कूडलसंगमदेव का विस्मरण ही मारि है॥ 329 ॥

आम के फल में
मैं एक आक का फल हूँ।
मैं अपने शरणों के सम्मुख

निर्लज्ज होकर भक्त कैसे कहूँ?
कूडलसंग के शरणों के सम्मुख
मैं कैसे भक्त कहलाऊँ? ॥ 330 ॥

मछली खानेवाले बगुला पक्षी की तरह
तट पर नाक पकड़कर ध्यान करते हैं
खुले बाल, मुँह में जपते, आँखें बन्द कर
अँगुली गिनते हैं ध्यानासक्त की तरह
अपने हाथ में जो दूर्वा बँधी है
वह कूडलसंग को न पहचान कर
आर्तनाद करने की भाँति है ॥ 331 ॥

भोर में तड़के ही उठकर लिंग चरण का स्पर्श कर
सुप्रभात में शिवशरणों का मुख देखने में ही
जन्म लेने की सफलता है।
सत्यवचन यह है
जो ऐसा नहीं है, उनको कूडलसंगमदेव
पसन्द नहीं करता ॥ 332 ॥

बादल में छिपी बिजली की तरह
देह में छिपी आत्मा की तरह
भूमि में छिपी निधि की तरह
आपका स्वरूप कौन पहचानता है? हे देव!
बहुत समय से आपका स्वरूप देख देख कर,
उसकी उपेक्षा कर, विस्मृति से मतिहीन हुआ।
देखिए, मेरे दोष अनंत हैं,
त्राहि त्राहि मेरी रक्षा कीजिए,
हे कूडलसंगमदेव! ॥ 333 ॥

तीन सौ साठ दिन युद्धाभ्यास कर
युद्ध में शत्रु का सामना करते समय
हथियार चलाना भूलने की भाँति हुई है मेरी भक्ति।
कई दिनों से लिंगार्चन करते रहने पर भी
मन में दृढ़ता नहीं तो क्या प्रयोजन?

घड़े में भरा दूध भूल से गिरा दे तो
उसे फिर से भरना सम्भव है क्या?
हे कूडलसंगमदेव! ॥ ॥ 334 ॥

क्या श्रेष्ठगुण देखता है, मेरु पर्वत कौए में?
क्या श्रेष्ठगुण ढूँढ़ता है, पारस लोहे में?
क्या श्रेष्ठगुण ढूँढ़ता है, साधु दुर्गुणियों में?
क्या श्रेष्ठगुण ढूँढ़ता है, चन्दन वृक्षों में?
हे सर्वगुणसंपन्न लिंग! क्या तुम
मुझमें अवगुण देखते हो?
हे कूडलसंगमदेव! ॥ 335 ॥

बड़ा बनना नहीं चाहता, छोटा ही बना रहूँ,
नीचे बैठे बिना क्या दूध निकाल सकते हैं?
बड़ा बनकर नरक में जाना नहीं चाहता,
आपके शरणों के चरणों में मुझे बद्ध रखो,
हे महादानी कूडलसंगमदेव! ॥ 336 ॥

कटार पैनी न हो तो क्या प्रयोजन?
विष न हो तो क्या करेगा विषधर?
बात चूकने पर हे देव!
ऐसा ज्ञानी भक्त भी क्या कर सकता है?
बात चूकने पर प्राण बचाने जाए तो
कुत्ते के छुए नैवेद्य के समान हो गया
हे कूडलसंगमदेव! ॥ 337 ॥

सूप के कोने में बैठनेवाले क्षुद्र देवों को
बकरी की बलि चढ़ाकर खुश होते हैं,
परन्तु शिव जिससे रूठा हुआ है
बलि होकर यह बकरी उनकी रक्षा करेगी क्या?
न बकरी चाहिए न मेमना
केवल बिल्व-पत्र लाकर बिना भूले पूजा करो
हमारे कूडलसंगमदेव की॥ 338 ॥

मौन होकर भोजन करना आचार नहीं,
लिंगार्पण करने के बाद, हर कौर पर
'शिव शरणु' कहते रहना चाहिए,
इंद्रिय वृत्तियाँ मिट जाएँगी
कूडलसंगय्या का स्मरण करते भोजन करने से॥ 339 ॥

लिंग को छोड़कर अन्य के लिए
इस मन को अर्पित नहीं करता हूँ,
जंगम को छोड़कर अन्य के लिए
इस धन को अर्पित नहीं करता हूँ,
प्रसाद को छोड़कर अन्य के लिए
इस तन को अर्पित नहीं करता हूँ,
लिंग, जंगम, प्रसाद को छोड़कर अन्य के लिए
मुँह मेरा नहीं खुलेगा यह प्रतिज्ञा है मेरी
यदि अनर्पित रह गया तो दोष मेरा है,
मेरा नाक काटिए, हे कूडलसंगमदेव! ॥ 340 ॥

लिंग और जंगम को एक मानने के बाद
जंगम की स्त्रियाँ लिंग सती स्वरूप हैं
वहाँ भी दिव्य दांपत्य है,
यहाँ भी दिव्य दांपत्य है,
चौड़ेश्वरी में भी भोग सम्भव है क्या?
माँ के स्तनपान का भाव भूलकर गले लगनेवालों का
सिर काटेगा, कूडलसंगमदेव! ॥ 341 ॥

क्या लिंग में काठिन्य भाव है?
क्या जंगम में कुल-भेद है?
क्या प्रसाद में अरुचि है?
इन त्रिविधों में भावभेद देखते हैं क्या?
हे कूडलसंगमदेव!
लिंगधारापात्र है मेरी भक्ति॥ 342 ॥

लिंगपूजा करने पर, जंगम से भयभक्ति चाहिए
बाँस निगले की भाँति, अहंकार से मत अकड़ो।

खूब फले केले की तरह झुके रहोगे तो
जो पद चाहोगे वह देता है कूडलसंगमदेव! ॥ 343 ॥

लिंगपूजा करने से क्या प्रयोजन
समरति, समउत्साह, समसुख को न पहचानने पर?
लिंग पूजा करने से क्या प्रयोजन
कूडलसंगमदेव की पूजा कर
नदी में नदी के मिलन के समान एकमेक न होने पर? ॥ 344 ॥

लिंग की पूजा करते हुए
उसमें जंगम का मुख देखने का सुख दो हे लिंगय्या
परमसुख दो हे लिंगय्या,
हे कूडलसंगमदेव! यही वरदान
मैं आपसे माँगता हूँ॥ 345 ॥

लिंगानुसंधान से आए आचरण
लिंगानुसंधान से आई बातें
लिंगवत् होने पर हम भयभीत क्यों हों?
कूडलसंगमदेव भक्तों का स्वाभिमान
अपना ही जब समझता है तो
जैसे लिंग चाहता है वैसे रहो॥ 346 ॥

जहाँ लिंग है वहाँ निन्दा नहीं,
जहाँ निन्दा है वहाँ लिंग नहीं,
लिंगवत् कैसे भी रहे तो क्या हुआ?
कूडलसंगय्या के शरण
उपमातीत महाघन हैं॥ 347 ॥

क्या सीमा पत्थर पर लिंगचिह्न नहीं है?
क्या बैल के जाँघ में लिंगचिह्न नहीं है?
बाँस पर पत्थर रखने से
वह पत्थर बाँस में उलझने से
क्या वह बाँस भक्त कहलाएगा?

इसलिए सत्य, सहजता, सद्भाव और
सदाचार जिसमें है वही भक्त है,
नहीं तो उस बाँस में रखे
पत्थर के समान है, कूडलसंगमदेव! ॥ 348 ॥

बिना लिंग के आचरण करनेवाले
बिना लिंग के बोलनेवाले,
बिना लिंग के थूक निगलने से
उसी क्षण वह मैल बनता है जी,
इसे क्या कहूँ?
बिना लिंग के आचरण करनेवालों का अंग लौकिक है,
स्पर्श नहीं करना चाहिए,
बिना लिंग के बोलनेवालों का शब्द सूतक है,
सुनना नहीं चाहिए,
बिना लिंग के चलनेवाले की
कथनी-करनी में व्रतभ्रष्टता है,
कूडलसंगमदेव! ॥ 349 ॥

परम सुख को मन लाख चाहने पर
इच्छा करने पर मिलेगा नहीं जी,
ऊँचे ताड़वृक्ष को हाथ लगाकर
ऊपर देखते देखते गर्दन दुखने लगा,
हे कूडलसंगमदेव! सुनिए!
जब तक आप देते नहीं वह नहीं मिलता॥ 350 ॥

भला कहलवाकर पाँच दिन जीओगे तो क्या?
भला कहलवाकर चार दिन जीओगे तो क्या?
भला कहलवाकर तीन दिन जीओगे तो क्या?
भला कहलवाकर दो दिन जीओगे तो क्या?
'जीवितं शिवभक्तानां वरं पाँच दिनानि च।
अजकल्प सहस्राणि भक्तिहीनस्य शांकरी॥'
कहा गया है इसलिए, कूडलसंगमदेव के शरणों के वचन में
भला कहलवाकर एक दिन भी जीना श्रेयस्कर है॥ 351 ॥

लोगों का टेढ़ापन आप क्यों सुधारते हैं?
अपना अपना तन सँभाल लिए
अपना अपना मन सँभाल लिए
पड़ोसी का दुःख देख रोनेवालों पर
कूडलसंगमदेव कभी प्रसन्न नहीं होता॥ 352 ॥

वाणी में नामामृत भरा है
नयनों में तेरी मूर्ति समाई है।
मन में तेरा सुमिरन भरा है।
कानों में तेरी कीर्ति गूँज रही है।
हे कूडलसंगमदेव! तेरे
चरण-कमल में मैं भँवरा हूँ॥ 353 ॥

वन की कोयल घर आने पर
क्या वन का स्मरण वह छोड़ेगी?
पहाड़ी हाथी घर आने पर
क्या पहाड़ का स्मरण वह छोड़ेगा?
कूडलसंग के शरण मर्त्यलोक में आने पर
अपने आदिमद्याँतरंग के लिंग का स्मरण वे छोड़ेंगे भला? ॥ 354 ॥

न सप्ताह की ओर मेरा ध्यान है, न दिन की ओर
मेरा ध्यान किसी पर भी नहीं;
न रात की ओर मेरा ध्यान है, न दिन की ओर
मेरा ध्यान किसी पर भी नहीं,
आपकी पूजा में मग्न होकर मैं अपने को भूल गया,
हे कूडलसंगमदेव! ॥ 355 ॥

विषय वासना रूपी हरियाली फैला दी तुमने सम्मुख मेरे,
पशु क्या जाने बेचारा? वह हरी घास समझकर खाता है।
विषयवासना रहित बनाकर, भक्ति रस खूब चखकर
सद्बुद्धि का पानी पिलाकर
हे कूडलसंगमदेव! रक्षा करो मेरी॥ 356 ॥

विष्णु की पूजा कर कन्धा जलवाते देखा,
जिनकी पूजा कर दिगम्बर होते देखा,
मैलार की पूजा कर कुत्ते होकर भौंकना देखा,
अपने कूडलसंगमदेव की पूजा कर
हे देव! भक्त कहलाते देखा॥ 357 ॥

वीर व्रती भक्त कहकर प्रशंसा लेनेवाले सुनिए।
वीर हो तो दुश्मन प्रसन्न हो ऐसा होना चाहिए।
व्रती हो तो सुन्दरियाँ प्रशंसा करें ऐसा होना चाहिए,
भक्त हो तो जंगम से प्रशंसा पानी चाहिए,
इन बातों में स्वपरीक्षा करोगे तो
आप जो उपाधि चाहें
देगा हमारा कूडलसंगमदेव! ॥ 358 ॥

वेद को म्यान में रखूँगा
शास्त्र को बेड़ी पहनाऊँगा,
तर्क की पीठ का चमड़ा निकालूँगा
आगम का नाक काटकर रख दूँगा, देखो जी!
हे! महादानी कूडलसंगमदेव।
मैं मादार (मोची) चन्नय्या के घर का पुत्र हूँ॥ 359 ॥

वेद थरथरा उठे, शास्त्र मार्ग से हट गए,
तर्क मौन हो गया, आगम सरक गए,
ये सब मोची (मादार) चन्नय्या के घर
कूडलसंगय्या का प्रसाद सेवन के कारण हुआ॥ 360 ॥

वेद पढ़ने से क्या हो?
शास्त्र सुनने से क्या हो?
जप करने से क्या हो?
तप करने से क्या हो?
कुछ भी करने से क्या हो
जब तक मेरा मन
कूडलसंगय्या को न छुएगा? ॥ 361 ॥

शिकारी यदि एक खरगोश
लाता है तो अच्छी कीमत पर खरीदते हैं,
परन्तु राजा की लाश को कौड़ी की कीमत पर भी
कोई खरीदता नहीं, देखो जी,
खरगोश से भी गया-बीता है मनुज का जीवन
पूरा विश्वास करो,
अपने कूडलसंगमदेव पर॥ 362 ॥

शरण निद्रा में है तो उसे जप समझो,
शरण जागे बैठता है तो उसे शिवरात्रि समझो,
शरण पैर रखे तो पवित्र है देखो,
शरणी की वाणी ही शिवतत्त्व है देखो,
कूडलसंगय्या के शरण की काया ही
कैलास है देखो जी॥ 363 ॥

शास्त्र को श्रेष्ठ कहूँ? मगर वह कर्म की उपासना करता है,
वेद को श्रेष्ठ कहूँ? वह प्राणी वध का समर्थन करता है,
श्रुति को श्रेष्ठ कहूँ? वह सामने रखकर ढूँढ़ता है,
उनमें कहीं भी आप नहीं हैं, इसलिए
त्रिविध दासोह को छोड़ अन्यत्र
कहीं दिखाई नहीं देते
कूडलसंगमदेव! ॥ 364 ॥

शिव चिन्तन, शिवज्ञानरहित मनुज;
गोबर में हजारों कीड़े जनमते नहीं हैं क्या देव?
जंगली जानवर एक होकर नहीं रह सकते हैं क्या देव?
पालतू जानवर एक होकर नहीं रह सकते हैं क्या हे देव?
हमारे कूडलसंगम के शरणों से रहित
ग्राम और देश वनवास है
वह केवल मनुष्यों का जंगल है! ॥ 365 ॥

शिव जन्म में पैदा होकर, लिंग में समरस होकर,
अपने अंग पर लिंग के होते हुए भी

दूसरों की स्तुति गाकर, दूसरों की प्रशंसा कर,
दूसरों की वाणी का आदर करने से
कर्म से छुटकारा नहीं मिलता, न भव बन्धन छूटता!
श्वान योनि में जन्म लेना ही पड़ता है
इसलिए, हे कूडलसंगमदेव!
आप पर विश्वास करके भी अविश्वासी बने
ढोंगियों की गति ऐसी ही होगी
जैसे बालू की दीवार को पानी में धोना॥ 366 ॥

शिवभक्त होकर शिव को पकड़ने गए तो
वह टुकड़ा करेगा, तोड़कर रखेगा,
मिट्टी में मिलाएगा, राख कर रख देगा,
परन्तु इनसे न डरकर
कूडलसंगमदेव पर पूर्ण विश्वास करोगे तो
आखिर वह अपने में समा लेगा॥ 367 ॥

नंबियण्णा को क्या शिशु कहा जा सकता है?
सूर्य को क्या सूक्ष्म कहा जा सकता है,
जो संसार को प्रकाशमान करेगा?
दृष्टि छोटी है, कही जा सकती है क्या
जिससे सृष्टि को देखा जा सकता है?
उस भाव को लघु कहा जा सकता है क्या
जो माप लिंग बना था?
हे कूडलसंगमदेवय्या!
युग युगादि से परे शरण
चेन्नबसण्णा को साधारण-छोटा कहा जा सकता है क्या? ॥ 368 ॥

श्वपच हो तो क्या, लिंगभक्त ही श्रेष्ठ कुल का है;
विश्वास करने पर भी अविश्वासी हो तो शंकित समझो,
बाँधने से क्या होगा, स्पर्श करने से क्या होगा?
भस्म लगाने से क्या होगा, यदि मन शुद्ध न हो?
यदि भावशुद्धि नहीं तो भक्ति स्थिर नहीं होगी,
कूडलसंगमदेव के कृपापात्र हुए बिना॥ 369 ॥

श्वान मटके को नीचे उतार कर अन्न खाकर
मटके को फिर से ऊपर रखना नहीं जानता, वैसे ही
मैं षड्स्थल पढ़कर क्या करूँगा
दुर्गुण जब तक मेरा पीछा नहीं छोड़ते?
जंगमलिंग में पूजाकार्य में लीन होने से क्या
दासोह करना न जानने से मैं मिट गया,
हे कूडलसंगमदेव! ॥ 370 ॥

संसार में जन्म लेने पर
और अन्य की आशा क्यों करूँ?
हँसते-बोलते रहना शिवशरणों के साथ,
दंभ अहंकार क्यों दिखाना?
'अभ्यासेन विहीनस्य तस्य, जन्म निरर्थकम्।
गुरुणापि समं हास्यं कर्तव्यं कुटिलं विना॥'
हमारे कूडलसंगमदेव के शरणों से
दिल खोल कर बातें करनी चाहिए जी॥ 371 ॥

संसार रूपी साँप के छूने से
पंचेंद्रियों के विषयवासना रूपी विष से
मैं दिशाहीन हुआ जी।
मैं उलटा पुलटा गिर रहा हूँ,
'ॐ नम: शिवाय' मंत्र जप रहा हूँ
कूडलसंगमदेव के शरण आकर
डरो मत। कहने पर
मैं जी उठा॥ 372 ॥

संसार रूपी जंगल में बाघ हैं, भालू हैं,
शरण तो भयभीत नहीं होता, कभी भी नहीं,
महाधैर्यशाली है शरण वह कभी भी भयभीत नहीं होता
कूडलसंग के शरण निर्भीत हैं॥ 373 ॥

यह संसार तो हवा में रखा दीपक है,
यह सम्पत्ति तो बाजार की भीड़ के समान है।
इस पर विश्वास कर न मिट जाओ।

सम्पत्ति पर विश्वास करके न मिट जाओ,
सम्पत्ति को भूलकर हमारे कूडलसंगमदेव की पूजा करो॥ 374 ॥

संसार सागर की लहरें मदमस्त होकर
मुख पर लहरा रही हैं,
संसार सागर की लहरें छाती तक उठी हैं क्या? बताइए जी,
संसार सागर की लहरें गले तक आ गई क्या? बताइए जी,
संसार सागर सिर तक आने पर क्या बताऊँ?
हे स्वामी! मेरा दुःख सुनो जी
हे कूडलसंगमदेव! मैं क्या करूँ? कैसा करूँ जी? ॥ 375 ॥

शक्कर का घड़ा भर कर
बाहर से चाटने पर रुचि मिलेगी क्या?
हृदय में भरकर, बाँहें खोलकर
लिंग स्पर्श न करके
अरे हाय! यह संसार वृथा व्यर्थ हो गया जी!
वह कैसी भक्ति? वह कैसी युक्ति?
आओ समा जाओ! कूडलसंगमदेव में॥ 376 ॥

गोबर गणेश को चंपक सुमनों से पूजा करने से
वह रंजनीय हो सकता है, परन्तु
गोबर की दुर्गन्धता दूर नहीं होती है भाई!
मिट्टी की मूर्ति को पानी में धोने से
वह कीचड़ बन जाएगी, परन्तु
उसका मूल रूप न जाता है भाई!
वैसे ही इस लोक के मनुज को शिवदीक्षा देने से
बुरा व्यक्ति क्यों सद्भक्त बनेगा?
हे कूडलसंगमदेव! ॥ 377 ॥

सती पति दोनों समान दृष्टि से
पूजा करने से वही सत्कार्य है।
वही कूडलसंगमदेव से एक
होने की क्रिया है॥ 378 ॥

सदाचार सद्भक्तिहीनों को
देव कभी स्वीकार नहीं करेगा,
उनकी आराधना करना व्यर्थ है,
बार-बार प्रायश्चित्त करनेवालों से
कूडलसंगमदेव कभी प्रसन्न नहीं होते हैं;
वे तो इस पृथ्वी पर बोझ हैं॥ 379 ॥

समुंदर को श्रेष्ठ कहूँ? वह तो
पृथ्वी में समाया हुआ है,
पृथ्वी को श्रेष्ठ कहूँ? वह तो
नागदेवता के फन पर टिकी हुई है,
नागदेवता को श्रेष्ठ कहूँ? वह तो
पार्वती की कनगुरिया की अँगूठी बना है,
ऐसी पार्वती को श्रेष्ठ कहूँ?
वह तो परमेश्वर की अर्धांगिनी है,
ऐसे परमेश्वर को श्रेष्ठ कहूँ?
वे तो अपने कूडलसंगमदेव के
शरणों के मन की नोक पर
वास करते हैं जी॥ 380 ॥

समंदर के भीतर सीप की तरह
मुँह खोल कर बैठा हूँ,
आपके बिना कोई मुझे समझनेवाला नहीं है,
हे कूडलसंगमदेव!
आपके बिना कोई मुझे अपनानेवाला नहीं है॥ 381 ॥

मेरी भक्ति तो पौधे पर सागर वर्षा होने की तरह है जी,
आनन्द से फूले नहीं समाता हूँ
आनन्द से नाचने लगता हूँ
कूडलसंगमदेव के शरणों के आने से
मदमस्त होकर झूमने लगता हूँ॥ 382 ॥

निकट रहे सज्जनों का संग श्रेष्ठ है जी,
दूर रहे दुर्जनों का संग हानिकर है जी

इन दो संग में से—एक स्वीकारो, एक दुत्कारो!
हमारे कूडलसंगय्या के शरण मंगलमूर्ति हैं॥ 383 ॥

पास रहे—सज्जनों का संग करना चाहिए,
दूर रहे—दुर्जनों का संग नहीं करना चाहिए,
कोई भी साँप हो? विष तो एक ही है।
ऐसे लोगों का संग नहीं करना चाहिए।
जिनका अन्तरंग शुद्ध नहीं उनका संग तो
भयंकर नागसर्प का कालकोट विष होता है।
हे कूडलसंगमदेव! ॥ 384 ॥

सुप्रभात के समय में
प्रेम से लिंगस्मरण करने से
अकाल मरण से, कालकर्मों से पार हो सकते हैं।
देवपूजा करने से पाप बन्धन मिटाया जा सकता है
हे शम्भु! आपको देखना
कभी भूख नहीं मिटनेवाला नयन समागम है;
सदैव लिंग के लिए निकट रहकर नमस्कार करना है।
विश्वासपूर्वक जंगमार्चन करके
कूडलसंगमदेव में समा जाना है॥ 385 ॥

सूर्योदय कमल को प्रिय है
चन्द्रोदय सहस्त्रदल को प्रिय है
प्रियजनों को संयोग ही प्रिय है।
प्रेमियों को आपस में देखना ही प्रिय है
कूडलसंगय्या के शरणों का आगमन ही
मेरे लिए प्राण से भी प्रिय है॥ 386 ॥

वेश्या के मोह में वेश्या के दासों का
जूठन खाते हैं दुनिया के लोग,
मांस के मोह में कुतिया का जूठन
खाते हैं दुनिया के लोग
लिंग के मोह में जंगम प्रसाद स्वीकार

करनेवालों को देखकर हँसनेवालों को
कुम्भिपाक नरक में डालेगा कूडलसंगमदेव! ॥ 387 ॥

सिरियाळ को क्या वणिक कह सकता हूँ?
माचय्या को क्या धोबी कह सकता हूँ?
कक्कय्या को क्या चमार कह सकता हूँ?
चेन्नय्या को क्या मोची कह सकता हूँ?
मैं अपने को ब्राह्मण कहूँ तो
हँस पड़ेगा कूडलसंगमदेव॥ 388 ॥

स्वामी-सेवक के सम्बन्ध के लिए मार्ग है—
सत्य कथन, कथनी जैसी करनी!
कथनी जैसी करनी न हो
करनी जैसी कथनी न हो,
तो ऐसे सांसारिक को न चाहेगा
हमारा कूडलसंगमदेव! ॥ 389 ॥

पिंजरे में सुरक्षित समझकर
निडरता से पढ़नेवाले हे तोते!
सदैव अमर समझकर उत्साहित होना
अपने मन में।
माया बिल्ली हत्या करती है तो
इस पिंजरे से रक्षा होगी क्या तेरी
कूडलसंगमदेव के बिना? ॥ 390 ॥

खत्ते में गिरे पर ओखली सरकाते हैं क्या?
हथकड़ी पहने हाथों को साँकल से बाँधते हैं क्या?
पके घाव को सलाखों से कुरेदने हैं क्या?
कूडलसंगय्या जो सताते हैं उसे
सिरियाळ के बिना कोई और सहन कर सकेगा क्या? ॥ 391 ॥

प्राप्त आभूषणादि वस्तु शिवभक्तों को देना चाहिए
मगर किसी को सूद में नहीं देना चाहिए।
वापस मिलती है तो भला, नहीं मिलती तो भी भला,

वहाँ है तो भी लिंग का नैवेद्य
यहाँ है तो भी लिंग का नैवेद्य ही।
लिंग का आभूषण लिंग को पहुँचा
इसलिए, आने का आनन्द नहीं है
ले और न आने का दुःख भी नहीं है।
इसलिए, हे कूडलसंगमदेव!।
आपके शरणों को देना चाहिए न कि सूद के लिए॥ 392 ॥

दस हाथ भूमि देने का, दुधारू गायों को देने का,
नंदादीप जलाने का व्रत-नेम करके
अहंकार करनेवालों का मुख नहीं देखा जा सकता,
उनकी वाणी नहीं सुनी जा सकती।
अंडज, स्वेदज, उद्‌भिज, जरायुज जैसे
प्राणियों की जीवन व्यवस्था किसने की है?
मालिक को मैंने लड्डू खिलाया कहना और
यह मैंने ही किया, मुझसे ही हुआ—
कहनेवालों के मुँह में मिट्टी डाले
बिना छोड़ेंगे क्या कूडलसंगमदेव? ॥ 393 ॥

दस हजार गीत गाकर
व्याख्या करने से क्या लाभ?
यदि मन को पहुँचाने की रीति नहीं जानते तो
बाँधने से क्या होगा? छोड़ने से क्या होगा?
यदि लिंग में मन समा न जाए तो?
बातों से मनवाकर, महान लिंग
के दर्शन पाने की बात करनेवाले
पापियों को हमारे कूडलसंगमदेव
कभी नहीं पसन्द करेगा॥ 394 ॥

त्योहार के लिए लाई गई मन्नत की भेड़ी
बन्दनवार के फूल पत्तों को खाती रही
न जानकर कि कुछ ही क्षण में मार डालेंगे
भूखे पेट भर रही है।

वह तो जिस दिन जन्मी थी, उसी दिन मरी थी।
मारनेवाले क्या बच गए, हे कूडलसंगमदेव? ॥ 395 ॥

हर शरणों की पंक्ति में बैठा था मैं
मालिकत्व के अहंकार से ग्रस्त था।
पत्नी मेरी थाली में, शरणों से अधिक देवान्न परोसती है,
तो उसे मैंने निकालकर रख दिया।
पत्नी की यह रीति नयनों के लिए दोष लगी
सुनो करुणामयी चन्नबसवण्णा, भूलकर ही सही
यदि इसे स्वीकार करता हूँ तो,
स्वामी कूडलसंगमदेव नरक में डालेगा॥ 396 ॥

जब भगवान देता है तो सम्पत्ति
पीछे भागकर आती है
नदियाँ उमड़ने और तालाब भरपूर होने की तरह,
अनुपलब्ध वस्तु उपलब्ध होती हैं जी,
राजा से मान्यता, परिवार, सेवा सब प्राप्त होती हैं
परन्तु परम निरंजन यदि हमें भूल जाते हैं
या हम उन्हें भूल जाए तो
भरे घड़े का पत्थर लगने से टूट जाने की तरह है
कूडलसंगमदेव! ॥ 397 ॥

मनौती करके उसके लिए भक्ति करे तो
वह मनौती के लिए दंड के समान है।
सबसे मिलकर वैभव से भक्ति करना डांभिक भक्ति है।
इसलिए न मनौती करके, न वैभव से
डांभिकता से भक्ति करो।
आए भक्तों को आदर दिखाकर सहजभाव से भक्ति
करने से हमारा कूडलसंगमदेव साथ हो जाता है॥ 398 ॥

डसते साँप से भयभीत नहीं हूँ,
अग्नि की लपटों से भयभीत नहीं हूँ,
तलवार की धार से भयभीत नहीं हूँ,
मगर एक से भयभीत हूँ, एक से विचलित हूँ,

परस्त्री, परधन रूपी बलिस्तंभ से भयभीत हूँ।
परस्त्री, परधन से नहीं डरनेवाले रावण की क्या हालत हुई?
इसलिए, मैं भयभीत हूँ, कूडलसंगमदेव! ॥ 399 ॥

भूख लगने पर आक का फल खा सकते हैं क्या?
प्यास लगने पर विष पी सकते हैं क्या?
चूना और खीर का रंग एक ही होने से
रिश्तेदारी के प्रेम से खा सकते हैं क्या?
जो लिंगतत्त्वज्ञानी नहीं और जो सज्जन नहीं
उन्हें कूडलसंगमदेव कैसे पसन्द करेंगे? ॥ 400 ॥

दिया जा सकता है, पर लिया नहीं जा सकता है
रूपी हथकड़ा हाथ को अच्छा लगता है।
परवधू को गले नहीं लगा सकते
रूपी बाहुबंध बाहु को अच्छा लगता है।
शिविनन्दा सुनी नहीं जाती
रूपी कर्णकुंडल कान में अच्छा लगता है।
पर अन्य देव के सामने सिर झुका नहीं सकते,
सदैव आपके स्मरण में, हे कूडलसंगमदेव!
आपकी ही पूजा कर सदैव आपके चरणों के
निकट है लिंगशिखामणि॥ 401 ॥

ब्राह्मण की भक्ति मिट्टी के पात्र में
पौधा लगाने की तरह है,
न नीचे जड़ें जमती हैं, न ऊपर फल लगते हैं,
प्राणलिंग प्रसाद सम्मुख रखकर, उसे आग में डालते
'प्राणाय स्वाहा, अपानाय स्वाहा, व्यानाय स्वाहा,
उदानाय स्वाहा, समानाय स्वाहा,
कहनेवाले कर्मियों को क्या कहूँ?
हे कूडलसंगमदेव! ॥ 402 ॥

दूध का बर्तन, घी के घड़े को
टूटा-फूटा कहा न करो,
क्योंकि उसका दूध स्वादिष्ट, घी सुगंधित

वह लिंग के लिए योग्य नैवेद्य हैं,
वैसे ही कूडलसंगमदेव के शरणों को
विकलांग न कहो, ऐसा कहने से
नरक ही मिलेगा॥ 403 ॥

आद्य-शरणों के वचन
दूध की नदिया में गुड़ के कीचड़
और शक्कर की रेत, मिसरी की हैं फेनिल लहरें की तरह हैं।
ऐसे वचन को छोड़कर, हे कूडलसंगमदेव!
मेरी मति ऐसी हुई—
जैसे कुआँ खोदकर पीया हो खारा पानी॥ 404 ॥

दूध का व्रत, दूध मलाई का व्रत,
मलाई न हो तो खिचड़ी का व्रत,
माखन का व्रत, गुड़ का व्रत करनेवाले हैं।
माँड़ के व्रतवाले को मैंने नहीं देखा,
कूडलसंगमदेव के शरणों में माँड़ के व्रतवाले
मादार चन्नय्या मात्र है॥ 405 ॥

दूध बछड़े का जूठन है, जल मछली का जूठन है,
पुष्प भ्रमर का जूठन तो पूजा कैसे करोगे?
शिव शिव। कैसे पूजा करोगे?
इस जूठन से पार होना मुझसे सम्भव नहीं।
जो भी देता हूँ उसे स्वीकार करो।
कूडलसंगमदेव! ॥ 406 ॥

सँपेरा नकटी स्त्री के साथ हाथ में साँप लेकर
बेटे के विवाह के लिए शकुन देखने जाते समय
सामने नकटी स्त्री के साथ दूसरे सँपेरे को देखकर
शकुन को बुरा कहनेवाले चतुर को देखो न!
उसकी पत्नी नकटी, उसके हाथ में साँप,
वह स्वयं नकटा
अपने दोष को न देखकर

दूसरों की ओर इशारा करनेवाले
कुत्ते को क्या कहें! हे कूडलसंगमदेव! ॥ 407 ॥

वल्मीक में जाते ही साँप का टेढ़ापन चला जाता है।
समुद्र में जाते ही नदी का टेढ़ापन चल जाता है।
हमारे कूडलसंगमदेव के शरणों का टेढ़ापन
लिंग में जाते ही चला जाता है॥ 408 ॥

साँप के मुँह में जो मेढक है, वह भूख से
उड़ती मक्खी की ओर चाह से लपकने की तरह,
फाँसी पर चढ़ता चोर दूध-घी पीकर
और कितने दिनों तक जीवित रहेगा?
मिटनेवाले शरीर के मोह से झूठ बोलते हुए,
पेट भरनेवालों को कूडलसंगमदेव कभी
चाहेगा नहीं देखो भाइयों! ॥ 409 ॥

साँप के फन से गाल खुजलाने के समान है,
जलती लकड़ी से बाल सँवारने के समान है,
शेर की मूँछ पकड़ कर झूलने के समान है,
भूलकर भी कूडलसंगमदेव के शरणों से परिहास करना
चूना पल्ले में बाँधकर नदी में कूदने के समान है॥ 410 ॥

साँप के डसे व्यक्ति से बतिया सकते हैं
किसी मद भरे से बात की जा सकती है
धन रूपी भूत सवार से बात नहीं की जा सकती है
निर्धनता रूपी मांत्रिक के आते ही तुरन्त
बोलने लगेंगे वे, कूडलसंगमदेव! ॥ 411 ॥

जन्म से जो ऐश्वर्य से परिचित नहीं
उसे ऐश्वर्यवान पुत्र के पैदा होने पर
उस पुत्र को लाख लाख सोना लाकर खुश करने की तरह,
युद्धभूमि से अपरिचित कायर राजा को
एक वीर क्षत्रिय बेटा पैदा होने पर
खून की होली खेलते रणभूमि में, खून का सागर

देखकर आनन्दित होने की तरह,
हे कूडलसंगमदेव! आप यदि आकर
मुझसे कुछ माँगते हैं तो, इसी तरह
मैं भी आनन्दित होता हूँ॥ 412 ॥

शंकित व्यक्ति वल्मीक पर पड़ी रस्सी
के स्पर्श से ही मर जाता है,
शंकाहीन व्यक्ति साँप के काटने से भी
नहीं मरता है।
हे कूडलसंगमदेव! शंकित व्यक्ति के लिए
प्रसाद भी कालकूटविष लगता है॥ 413 ॥

बाँबी को देखते ही साँप बनकर
पानी को देखते ही जलचर साँप बने तो पसन्द करेगा क्या?
न आए भवों में भेजे बिना क्या स्वीकारेगा?
भयंकर नरक का दुःख दिए बिना क्या स्वीकारेगा?
भक्त विश्वासघातक दिखाई पड़े तो
कष्ट अवश्य देगा कूडलसंगमदेव॥ ॥ 414 ॥

बाँबी को मारने से क्या साँप मरेगा?
भयंकर तप करने से क्या होता है?
अन्तरंग आत्मशुद्धिहीनों पर कैसे
विश्वास करेगा कूडलसंगमदेव? ॥ 415 ॥

बाघ का दूध बाघ के लिए न कि हिरन के लिए
वीर के पाँव का कड़ा केवल वीर के लिए है
न कि कायर के लिए
दुर्बल मन के लोभी का नाक ऐसा कटेगा कि दाँत दिखे
कूडलसंगमदेव! ॥ 416 ॥

हृदय में कैंची है, जबान से गुड़-सी मीठी बोले तो भी क्या होगा?
गाने से, नाचने से क्या प्रयोजन?
हर दिन शिवरात्रि मानने से क्या प्रयोजन!

मैं मेरी तरह। मन मन की तरह।
कूडलसंगमदेव, अपने आपकी तरह॥ 417 ॥

एक कायर उपाधि से आलंकारिक होने
की तरह मेरी गति हुई है,
लड़ना चाहिए, लड़ने को मन नहीं करता
तब ऐसे कायर की उपाधि चली गई।
वह एक प्रहसन जैसा हो गया।
मेरी शक्ति की परीक्षा करनेवाला जंगम के घर आने से
देखा अनदेखा करके मुँह मोड़ ले
तो कूडलसंगमदेव चतुर है
दाँत दिखे ऐसा नाक काटकर रखेगा॥ 418 ॥

जहाँ कहीं भी जाइए आपको जो प्रसाद देते हैं,
उसे खानेवाले का कुल नहीं देखना चाहिए।
हे देव! आपके कृपापात्र का, हे स्वामी! आपसे
विश्वास रखनेवाले का क्या कुल हो सकता है?
कुलतिलक है हमारा मादार (मोची) चन्नय्या!
आपसे श्रेष्ठ है, कूडलसंगमदेव! ॥ 419 ॥

तड़के ही उठकर, पूजाजल और पत्री लाकर
समय से पूर्व पूजा करो लिंग की,
समय बीतने के बाद, तुम्हें पहचानेगा कौन?
समय बीतने से पूर्व, मृत्यु ले जाने से पूर्व
सेवा करो, कूडलसंगमदेव की॥ 420 ॥

सुबह उठकर आँखें मलते हुए
मैं अपने पेट के लिए, अपने आभूषणों के लिए,
मैं अपने पत्नी-बच्चों के लिए चिन्तित होता हूँ तो
मेरे मन के लिए, मेरा मन ही साक्षी है,
'आसने शयने याने सम्पर्क सहभोजने।
संचरन्ति महाघोरे नरके कालमक्षयम्॥'
नाम की श्रुति बसवण्णा पढ़ता है, ऐसा कहते हैं।
भवि बिज्जळ के सिंहासन के नीचे बैठकर

सेवा करता हूँ—ऐसा कहते हैं प्रमथगण,
क्या उनको उत्तर दे सकता हूँ? नहीं नहीं,
अस्पृश्यों के घर में जाकर भी
अच्छी मजूरी करके भी क्यों न हो,
आपके विचारों के आचरण के लिए चिन्तित होता हूँ,
अपने पेट के लिए यदि चिन्तित होता हूँ
तो सिर मेरा ले लीजिए
हे कूडलसंगमदेव! ॥ 421 ॥

सुबह उठकर शिवलिंग देव का
दर्शन नयन भर नहीं करनेवाले का जीवन कैसा जीवन?
ऐसा व्यक्ति जीवित लाश है, गिरता लाश है
उसका कैसा जीवन है?
चलनेवाली लाश बोलनेवाली लाश
उसका कैसा जीवन है?
हे कर्ता कूडलसंगा! आपकी सेवा
नहीं करनेवाले का कैसा जीवन है? ॥ 422 ॥

सोने की एक रत्ती, साड़ी का एक सूत
अन्न का एक दाना, आज के लिए—कल के लिए
चाहिए कहें तो आपकी सौगन्ध! आपके पुरातनों की सौगन्ध!
आपके शरणों के बिना अन्य कुछ नहीं जानता,
हे कूडलसंगमदेव! ॥ 423 ॥

मारनेवालों को मेरे रक्षक समझूँगा
गाली सुनानेवालों को मेरे बन्धु समझूँगा
निन्दा करनेवालों को मेरे माँ-बाप समझूँगा
मेरे नाश करनेवालों को मेरे पालक समझूँगा
मेरी अवहेलना करनेवालों को मेरे जन्मबन्धु समझूँगा
प्रशंसा करनेवालों को स्वर्णशूली से मारनेवाले समझूँगा
हे कूडलसंगमदेव! ॥ 424 ॥

बाहर भस्म लगाने से क्या होगा
भीतर शुद्ध नहीं होने तक?

रुद्राक्षी माला पहनने से क्या होगा
दिल को न छूने तक?
सैकड़ों ग्रन्थ पढ़ने से क्या होगा
हमारे कूडलसंगमदेव को मेरा मन न छूने तक? ॥ 425 ॥

कुत्ते को यदि ढोकर ले जाओगे
तो वह खरगोश का शिकार करेगा क्या?
युद्ध नहीं करनेवाला वीर,
उसके बारे में बखान करना शर्म की बात है
मैं अपने आपको भक्त कहूँ कैसे
हे कूडलसंगमदेव! ॥ 426 ॥

भटका हुआ शिशु अपनी माँ को ढूँढ़ने के समान
भटका हुआ पशु अपना समूह ढूँढ़ने के समान
चाहता रहा हूँ आपके शरणों का आगमन
चाहता रहा हूँ आपके भक्तों का आगमन
सूर्योदय से कमल खिलता हो
ऐसा है मुझे आपके शरणों का आगमन
हे कूडलसंगमदेव! ॥ 427 ॥

रजस्वला हुए बिना पिंड के लिए गर्भ में आश्रय नहीं
शुक्ल शोणित का व्याहार एक ही है,
आशा आमिष रोष हर्ष विषयादि सुख सब में एक ही है,
जो भी पढ़े, जो भी सुने क्या प्रयोजन?
श्रेष्ठ कुल का कहने का क्या लक्षण है?
'सप्तधातु समं पिंडं समयोनिसमुद्भवम्।
आत्म जीव समायुक्तं वर्णानां किं प्रयोजनम्॥'
कहा गया है इसलिए—
लोहा गरमाकर लोहार कहलाया
कपड़ा धोकर धोबी कहलाया
कपड़ा बुनकर जुलाहा कहलाया
वेद पढ़कर ब्राह्मण कहलाया
कानों में क्या किसी का जन्म हुआ है जग में?

इसलिए, हे कूडलसंगमदेव!
लिंगस्थल को जाननेवाला ही कुलज है॥ 428 ॥

यदि अस्पृश्य भक्त हो तो
उसके घर के कुत्ते को
पंचमहावाद्य बजाकर सम्मान नहीं करूँगा क्या?
भले भले, जय जयकार करते हुए
कुलाधिक ब्राह्मण से ऊँचा मानता हूँ
आपके शरणों की महिमा अति महान है
हे कूडलसंगमदेव!
आप पर विश्वास न करनेवाला अन्त्यज है॥ 429 ॥

कुलहीन सन्मार्गी हो तो,
उसके पड़ोस में रहना भला है।
सुपथ छोड़े बिना लिंग का सुमिरन कीजिए,
सुपथ छोड़े बिना शिव का सुमिरन कीजिए,
कूडलसंगमदेव के घर में
मोची चन्नया ही सन्मार्गी है॥ 430 ॥

जहाँ लिंग है, वहाँ मैल कहाँ?
जहाँ जंगम है, वहाँ कुलभेद कहाँ?
जहाँ प्रसाद है, वहाँ जूठन कहाँ?
अपवित्र बात बोलने का सूतक ही पाप है,
निष्कलंक निजैक्य त्रिविध निर्णय
हे कूडलसंगमदेव! आपके
शरणों के बिना कोई श्रेष्ठ नहीं॥ 431 ॥

अर्थ निर्देश

गुरु

गुरु को सामान्यतः स्पर्श-मणि की उपाधि दी गई है; जो लौह समान शिष्य को अपने स्पर्श से कंचन बना देता है। लिंगायत के अनुसार गुरु ज्योति-स्वरूप होता है और जब शिष्य को अनुगृहीत करता है तो शिष्य में ज्योति जगाता है, अपने समान शिष्य को भी ज्योतिर्मय बना देता है। दीक्षागुरु, शिक्षागुरु और मोक्षगुरु के रूप में गुरु के तीन आयाम होते हैं। लिंगायत में ज्ञान प्राप्ति के बाद गुरु-शिष्य समान होते हैं।

लिंग

लिंग का तात्त्विक अर्थ परतत्त्व, सच्चिदानन्द स्वरूप दीक्षा देते समय, गुरु भक्त को लिंग देता है। मन्दिर में स्थापित लिंग को लिंगायत स्थावर कहते हैं, जो जड़ है इसलिए उसकी आराधना तिरस्कृत है। इष्टलिंग पूजा शिवयोग या लिंगांग सामरस्य कहलाती है।

जंगम

जंगम जीव उन्मुक्त होते हैं और भक्तों को आध्यात्मिक और विवेक साधना में मार्गदर्शन करते हुए पर्यटन करते रहते हैं। जंगम चैतन्य, चलनशील, परिवर्तनशील समाज का प्रतीक भी है।

प्रसाद

गुरु लिंग या जंगम का दिया हुआ सब कुछ प्रसाद अर्थात् पवित्र है, स्वीकार योग्य है। व्यक्ति जो भोग रहा है उसे यदि इस समाज का दिया हुआ मानता है, तो वस्तु योग की पवित्रता बढ़ती है। प्रसाद का शाब्दिक अर्थ भी देवार्पित वस्तु है।

दासोह

विनयभाव से प्रामाणिक परिश्रम करना और अर्जित धन या वस्तु को अधिक संग्रह न कर सामाजिक हित के लिए देना दासोह है। इसमें देनेवाला अहम से मुक्त है और लेनेवाला हीनभाव से मुक्त है।

अष्टावरण

आध्यात्मिक क्षेत्र में शिवयोग के सत्-चित्-आनन्द की प्राप्ति के लिए भक्त के लिए अष्टावरण का आयोजन किया गया है। साधना के लिए भक्त की अष्ट-आवरणों के रूप में ये तत्त्व भक्त की रक्षा करते हैं। ये हैं—गुरु, लिंग, जंगम, पादोदक, प्रसाद, विभूति, रुद्राक्षी, मंत्र।

पंचाचार

भक्त की साधना के लिए पाँच आचारों का निश्चय किया गया है। वे हैं—लिंगाचार, सदाचार, शिवाचार, भ्रत्याचार और गणाचार।

षट्स्थल

शिवयोग साधना में भक्त के विकास के लिए छह आयामों का आयोजन है, जो इस प्रकार है—भक्तस्थल, माहेश्वरस्थल, प्रसादीस्थल, प्राणलिंगि स्थल, शरणस्थल और ऐक्यस्थल।

तात्त्विक दृष्टि से अष्टावरण अध्यात्म की पंचाचार समाजमुखी आचार संहिता या संविदा का द्योतक है। षट्स्थल साधना ऊर्ध्वमुखी विकास की यात्रा है।

इसी लेखक के और भी प्रकशित ग्रन्थ

हिन्दी

(1) अधूरे शब्द (कविता संकलन)
(2) आधुनिक हिन्दी काव्य प्रकाश (सं.)
(3) संतों और शिवशरणों के काव्य में सामाजिक चेतना
(4) शरण और संत : सामाजिक चिन्तन
(5) बारहवीं सदी की कवयित्री : अक्क महादेवी और स्त्री विमर्श, (राधाकृष्ण दिल्ली)
(6) बसवेश्वर : काव्य शक्ति और सामाजिक शक्ति : (लोकभारती, इलाहाबाद)
(7) वचन साहित्य और संत साहित्य का समाज शास्त्र (राजपाल, दिल्ली)
(8) शिवयोगी सिद्धरामेश्वर
(9) बसवादि शरणों के साहित्य की सामाजिक चेतना
(10) बारहवीं सदी की कवयित्रियाँ और स्त्री विमर्श (राधाकृष्ण, दिल्ली)
(11) बसवेश्वर : समता की ध्वनि
(12) चन्नबसवण्णा : ज्ञान की निधि
(13) अल्लम प्रभु : प्रतिभा का शिखर
(14) सिद्धरामेश्वर : व्यक्ति-कृति
(15) मोकिंगे मारय्या-मोकिंगे महादेवी
(16) हडपद अप्पण्ण-लिंगमा
(17) आय्दक्की मारय्या-आय्दक्की लक्कम्मा
(18) उरिलिंग पेद्दी-काळव्वे
(19) वचन चिन्तन
(20) गांधीगिरी

कन्नड़ से अनूदित

(21) सिद्धरामेश्वर के चुने हुए १०८ वचन (अनु.)
(22) बसव चेतना (अनु.)

(23) चन्द्रगिरि के किनारे कन्नड़ उपन्यास, किताब घर-दिल्ली
(24) हिन्दी-कन्नड़-हिन्दी संवाद पुस्तक (केन्द्रीय हिन्दी निदेशालय, दिल्ली)

कन्नड़ ग्रन्थ

(25) मुवत्तैदु कवनगळु, (काव्य)
(26) इन्नष्टु कवनगळु (काव्य)
(27) हुलु मेलिन हनिगळु, (लघु कविताएँ)
(28) कौदि (काव्य)
(29) कबीरदासरू (कर्नाटक साहित्य अकादमी, बेंगळोर)
(30) शिवशरण पाटिल जवळी : व्यक्ति - कृति (सं)
(31) दासोह (सं.) रंग शिबिर स्मरणिका
(32) अध्यक्षीय भाषण (जिल्हा कन्नड़ साहित्य परिषद, बीदर)
(33) महिला वचन (सं.)
(34) शब्दद बेडगु (सं.)
(35) शरणरू हागु संतर सामाजिक काळजी (कन्नड़ साहित्य परिषतु, बेंगलोर)
(36) शरणरू हागु संतर आदर्श समाज (प्रसारांग गुलबर्गा विश्वविद्यालय)
(37) चुळुकादिरय्या काव्य)
(38) शरणु शरणार्थी गजलगळु (काव्य)
(39) मूवत्तक्के मुनुरू (काव्य)
(40) हाडुगळु उळदाव (काव्य)
(41) बेऊ-बेल्ल (काव्य)
(42) शरणेयरू हागू महिळा संपन्नमूल (सं)
(43) शरण साहित्य मत्तु संत साहित्य : जनपर चिन्तनेगळु
(44) जगदगल मुगि लगल
(45) दारी दीपगळु

हिन्दी से अनूदित

(46) समकालीन पंजाबी कवितेगळु (सं. कर्नाटक साहित्य अकादमी बेंगलोर)
(47) कोगिले अळुतिदे (अनु.) 200 पंजाबी कविताएँ
(48) सौन्दर्य शास्त्र (अनु.) कर्नाटक ललित कला अकादमी, बेंगलोर
(49) ओदी अळुवदु (अनु.)
(50) सफदर हाश्मियवर मक्कळ नाटकगळु (अनु.)

(51) रामजी जागृतनाद (अनु. एनबीटी, दिल्ली)
(52) गजल घलु घलु
(53) रंगु रंगीन गजलगळु
(54) गजलोत्सव
(55) बिरुगाळिगके शान्तरागिरी
(56) पंत अवर कवितेगळु
(57) दिनकर अवर कवितेगळु
(58) अज्ञेय अवर कवितेगळु
(59) महादेवी वर्मा अवर कवितेगळु
(60) उमाशंकर जोशी अवर कवितेगळु
(61) रघुवीर सहाय अवर कवितेगळु
(62) अंबेडकर कवितेगळु
(63) पाश् अवर कवितेगळु
(64) अन्धेर नगरी-कुरूडर आने
(एरडु हिन्दी नाटकगळु)

कन्नड़

(65) सतिये साकियाद कविसमय
(66) लंडन् डाट काम (यात्रा अनुभव)
(67) वचन विचारोत्सव
(68) गांधी जीवन मौल्यगळु
(69) ऐसिरी ऐनूरू हनिगळु
(70) साविरद हनिगवितेगळु
(71) आयद 71 कन्नड़ गजलुगळु
(72) आयद 71 कन्नड़ कवितेगळु
(73) आयद 71 हिन्दी कवितेगळु
(74) आयद 71 अनुवाद कवितेगळु

OOO